쓰레기 제로
라이프

나와 세상을 바꾸는 삶

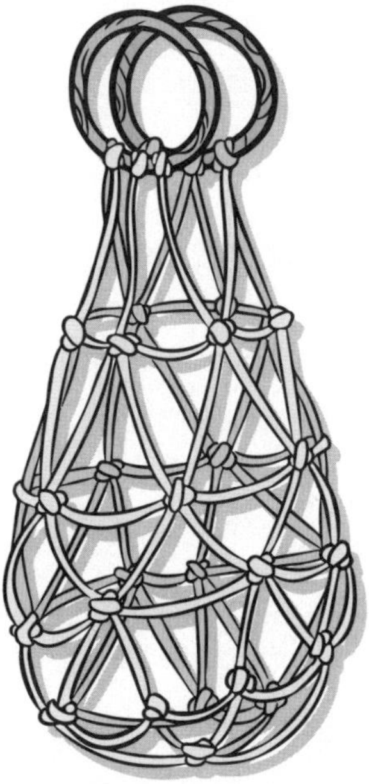

실비 드룰랑 글
장 부르기뇽 그림

이나래 옮김

쓰레기 제로 라이프

북스힐

목차

3 직접 실천하는 쓰레기 제로 라이프

4 아이들과 함께하는 쓰레기 제로 라이프

5 직접 만들어 보는 쓰레기 제로 라이프

'제로 카라비스투유[1] 가족'으로 말할 것 같으면

우나, 나이스 그리고 피에르,
날마다 내게 영감을 주고
내가 작은 벌새로 살 수 있게 해주는
가족에게.

나이스, 우나, 피에르…… 그리고 나, 실비. 우리 가족은 이렇게 네 식구다. 우리가 '제로 카라비스투유 가족'이라는 재밌는 별칭으로 유명해진 것은 같은 이름의 블로그www.zerocarabistouille.be 덕분이다. 여기에는 새로운 라이프 스타일인 쓰레기 제로를 향한 우리의 도전이 담겨 있다.

우리 가족은 실제로 경험하고 깨달음을 얻은 끝에 쓰레기 제로를 향해 나아가게 됐다. 이 길에 첫발을 내디딘 건 첫째 딸이 태어난 2006년이다. 모든 부모가 그러하듯 우리는 아이에게 가장 좋은 것을 선물해주고 싶었다.

그때부터 우리 가족은 좀 더 환경을 존중하는 소비 패턴을

1 카라비스투유Carabistouille는 브뤼셀과 왈롱 지역에서 사용하는 벨기에식 프랑스어로 쓰레기라는 뜻이다. 따라서 벨기에의 '쓰레기 제로 가족'을 일컫는다.—옮긴이

지향하게 됐다. 우리는 지역 공동구매를 통해 지역 생산품과 유기농 제품을 구매하고, 우리 삶이 환경에 미치는 영향에 주의를 기울이며, 이동할 때는 친환경적인 대안 교통수단, 그중에서도 자전거를 이용한다.

2009년 둘째 딸이 태어났을 때는 여러 번 빨아 쓸 수 있는 천 기저귀를 사용하고, 전환마을, 친환경 텃밭, 공동퇴비처리장 등 시민운동에 참여하기 시작하면서 책임감 있는 소비로 한 발 더 나아갔다.

하지만 당시 우리는 익숙한 경제 모델에서 벗어나지 못한 상태였다. 바로 (과)소비다. 쓰레기 제로의 여왕, 베아 존슨이 벨기에에서 콘퍼런스를 연다는 사실을 알게 된 2015년 12월까지만 해도 그랬다. 그녀를 포함한 네 식구가 일 년에 생산하는 쓰레기 양은 유리통 하나가 전부다. 호기심과 매력에 이끌려 그녀를 만나러 가기로 결심했다.

콘퍼런스가 끝난 뒤 나는 천지가 개벽하는 충격을 받았다. 마치 전기에 감전된 것 같았다. 베아 존슨은 보이지 않던 무언가를 손가락으로 가리켰다. 그러자 그 무언가가 내 눈에도 선명하게 보이기 시작했다. 바로 쓰레기 말이다.

익살스러운 어조로 풀어내는 그녀의 인생 이야기, 팁을 듣다 보니 우리는 아름다운 지구를 위한 여정의 초입에 들어섰을 뿐이라는 걸 깨달았다. 그녀는 구멍 난 옷을 입지 않아도, 매일 곡물 만 먹지 않더라도, 삶의 기쁨을 전부 포기할 필요 없이 소비

습관을 완전히 바꿀 수 있다는 걸 몸소 증명했다.

그날부터 우리 가족은 쓰레기 제로 라이프를 본격적으로 시작했다. 우리 가족을 구성하는 가장 본질적인 가치관까지 뒤흔드는 특별한 도전이었지만, 덕분에 우리가족은 마음의 평온을 찾고 자연을 위해 쓸모있고 좋은 일을 한다는 만족감을 느끼고 있다.

이 책과 블로그를 통해 우리의 경험을 나누고 싶을 뿐이지

설교를 하려는 게 절대 아니다. 도전을 시작할 때는 쓰레기 제로와 관련해 참고할 만한 벨기에의 사례가 없었다. 만약 참고할 게 있었다면 많은 도움이 됐을 것이다. 그래서 우리의 경험담이 길잡이가 되어 독자 여러분을 쓰레기 제로로 이끌 수 있길 바란다.

우리선조들은 아마 모든 걸 알고 계셨던 게 아닐까. 직접 텃밭을 가꾸고, 형편에 맞는 소비를 하고, 정말로 필요한 것만 소유하는 삶.

건강한 요리를 만들고 가까운 식료품점에서 재료를 구하는 생활을 하셨으니 말이다. 삶이 온통 장밋빛은 아니었겠지만 선조들은 간소하게, 그 시대의 방법으로, 좋든 나쁘든 자연이 준 것으로 살았다.

그 후 영광의 30년 동안 소비 습관에 지각변동이 일어났다. 당시에는 모든 것이 가능해 보였다. 전쟁은 끝났고, 손에 돈을 쥐고 있었으며, 기술이 비약적으로 발전했다. 여성들은 부엌에서 '벗어날' 수 있었고, 안락한 삶을 여유롭게 즐길 수 있었다. 혁신적인 신제품들이 세상에 나와 여성들을 해방시켰다. 일회용 기저귀, 가전제품……. 공업 생산은 최고조에 이르렀고, 석유 위기는 아직 나타나지 않았으며, 실업이란 단어를 모르던 시대였다. 모든 것이 허용됐다. 당시는 변혁의 시대, 황금기였다!

20세기에 서민계층은 대량으로 공급되는 재화, 서비스 그리고 값싼 제품을 누릴 수 있었다. 대형 할인점의 등장으로 소비자들은 제품을 알아서 골라 담게 됐다. 오늘날에는 소비 신용대출을 이용하면 모두가 (거의) 모든 걸 살 수 있다. 게다가 교통수단의 현대화로 전 세계에서 제품을 구매할 수 있게 되면서 소비가 '세계화'됐다. 그리고 동시에 우리는 악순환에 빠졌다. 현재 구매력에 기반을 둔 경제 모델을 유지하기 위해서는 소비를 멈출 수 없다.

그리고 이제는 그래프가 하향곡선을 그리기 시작할 것이다. 모든 정황을 고려할 때, 베이비부머 세대가 오랫동안 만끽했던 삶을 우리가 더 이상 영위할 수 없다는 건 자명하다. 자원은 한정되어 있고, 기후 문제가 극성을 부리며, 최근의 금융위기는 우리가 만들어낸 소비사회의 숨겨진 이면이다.

세계 생태 발자국은 40년 만에 세 배 증가했다. 현재 우리는 마치 지구가 1.7개 있는 것처럼 자원을 소비하고 있다.

그렇다면 어떻게 해야 할까?

너무 늦었다고 생각할 수도 있다. 혼자서는 아무것도 바꿀 수 없다고 여길 수도 있다. 그러나 미래에 희망을 걸어볼 수도 있고, 앞으로 어떤 일이 일어날지 지켜볼 수도 있다.

나는 아주 작은 한 걸음이라도 의미 있다고 생각한다. 낙관적으로, 단호하게 살아가면 세상을 바꿀 수 있다고 믿는다.

알제리계 프랑스인 농부이자 작가이며 사상가인 피에르 라

벌새 이야기

어느 날 숲에 큰불이 났다. 모든 동물이 겁에 질려 무력하게 재앙을 지켜보기만 했다. 오직 연약하지만 강단 있는 작은 벌새만이 서둘러 부리에 물을 머금어 불길이 이는 곳에 뿌리는 일을 반복했다.

얼마 후, 아르마딜로가 벌새를 보며 소용없는 짓을 한다고 짜증을 냈다.

"벌새야! 제정신이니? 물 몇 방울 떨어뜨린다고 불을 끌 수 있을 것 같아?"

그러자 벌새가 대답했다.

"불가능할 거라는 거 알아. 하지만 나는 적어도 내가 할 일을 할 뿐이야."

비Pierre Rabhi는 프랑스 친환경 농업의 선구자 중 한 사람이다. 그는 내게 동기를 부여해주고, 또 다른 세상을 꿈꾸게 해주었다. 그는 '소박한 행복'을 설파하며 "인류가 가진 가장 강력한 힘을 하나로 모으고 우리의 천국이 고통과 파괴의 지옥으로 변하지 않도록 의식의 봉기"를 촉구한다. 그 덕분에 나는 아메리카 인디언의 벌새 이야기를 알게 됐으며, 쓰레기 제로에 도전해볼 용기를 얻었다.

우리가 바로 변화다

우리가 사는 지구는 하나뿐이고, 대안은 없다.

각자 자신에게 영감을 주는 사람이나 가슴을 뛰게 만드는 가치를 통해 찾아낸 힘과 에너지로 자기 몫을 다 하면 된다. 모두가 아름다운 지구를 보호하기 위해 자신이 할 수 있는 일을 실천하기로 결심한다면, 우리는 계속해서 이 지구에서 오랫동안 살아갈 수 있으며 우리 아이들과 후손들 또한 이 지구를 지킬 수 있을 것이라 확신한다. 왜냐하면 우리가 바로 변화이기 때문이다!

쓰레기 제로는 환경보호를 위한 구체적인 해결책이다. 이 문을 열면 새로운 소비 모델을 향한 길이 펼쳐진다. 이 길은 자발적이고 재미있으며 보람찬 여정이다. 인생을 송두리째 바꾸지 않아도 효과는 즉각적으로 나타난다. 쓰레기 제로는 조금씩 이뤄지는 과정이지만 독자 여러분이 한 발을 내딛고, 또 한 발 한 발 계속해서 앞으로 나아간다면 틀림없이 그다음 발걸음이 자연스럽게 이어질 것이다.

새로운 공동체가 탄생하고 있다. 지향점은 더 적극적으로 참여하고 덜 소비하는 삶이다. 우리는 '쓰레기 제로 운동'의 시대에 들어섰다.

1

왜 쓰레기 제로를 해야 할까?

1 벨기에 사람은 한 해에 얼마나 많은 쓰레기를 버리고 있을까?

벨기에 사람들은 1인당 연간 약 400kg의 쓰레기[2]를 생산한다. 전 세계 연간 쓰레기 생산량은 3조 4,000억에서 4조 톤으로 추정된다. 계산해보면 초당 80~126톤의 쓰레기가 만들어지는 셈이다.[3]

여기에 소비재를 제조할 때 나오는 산업 쓰레기도 더해야 한다. 우리 같은 소비자는 보지 못하는 숨겨진 쓰레기다. 가정용 쓰레기가 500kg 배출된다면, 그전에 이미 70톤의 쓰레기가 생성됐다는 의미다. 게다가 자원을 추출할 때 생기는 쓰레기는 포함하지도 않았다.

새 제품이 만들어내는 쓰레기……

- 청바지 한 벌을 생산하는 데 32kg의 쓰레기가 나오고 8,000L의 물이 필요하다.
- GSM 휴대전화 한 대를 만드는 데 75kg의 쓰레기가 만들어진다.
- 컴퓨터 한 대를 제작하는 데 1,500kg의 쓰레기가 생성된다.
- 플라스틱 칫솔 한 개를 만드는 데 1.5kg의 쓰레기가 발생한다.
- 자동차 한 대를 생산하는 데 70톤의 쓰레기가 나온다.

2 『쓰레기 줄이기, 지속 가능한 소비를 위한 100가지 조언』, 브뤼셀 환경.
3 Planetoscope, www.planetoscope.com/recyclage-dechets/dechets.

벨기에에서는 세 지역 정부가 각각 자체적으로 쓰레기 정책을 시행하고 있기 때문에 업무 처리 과정이 상당히 복잡한데다 거주지에 따라 쓰레기 배출방법도 달라진다. 하지만 각 지역은 쓰레기 처리에서 동일한 우선순위를 준수한다. 예방, 재사용, 재활용, 소각, 매립의 순서다.

벨기에 당국은 보존, 운반, 구매 편의성 제고, 제품 혹은 브랜드 광고 등 기능이 다양한 포장 쓰레기를 별도로 취급한다. 그렇다면 그 대신 음식물 쓰레기가 줄어들었어야 한다. 하지만 오늘날 벨기에 사람들은 낭비가 엄청 심하다. 한 사람당 매년 15kg의 음식물을 내다 버리고 있다! 게다가 가정 쓰레기의 12%는 음식물이다. 그중에는 유통기한이 지난 것도, 그렇지 않은 것도, 먹다 만 것도, 손대지 않은 것도 있다.

가정 쓰레기의 12%는 음식물이다.
그중에는 유통기한이 지난 것도,
그렇지 않은 것도, 먹다 만 것도,
손대지 않은 것도 있다.

그래도 이 어마어마한 양의 포장 쓰레기를 방치할 수는 없다. 따라서 당국은 포장 쓰레기가 매립지에서 생을 마감하지 않도록 새로운 운명을 부여하기 위해 수단과 방법을 가리지 않아야 한다. 게다가 벨기에는 재활용을 가장 많이 하는 국가 중 하나다.

이 수치와 정황을 보면 행동하는 것이 얼마나 중요한지 알 수 있다. 하지만 어떻게? 이렇게 질문할 수도 있다. 치료보다 예방이 중요한 이유는, 몇 번을 말해도 부족하지만, 쓰레기가 존재하지 않게 하는 것이 가장 좋은 방법이기 때문이다.

2 우리 지구를 지켜야 하니까

지구 온난화, 기록적인 온도 상승, 홍수, 빙하 해빙 등에 대한 이야기가 점점 더 많이 들려온다.

어떤 이들, 아마 기후회의론자들은 이렇게 말할 것이다. "아니라니까요, 이런 일은 예전에도 있었어요. 주기에 따른 거라고요. 자연스러운 기후 변동성 때문이죠. 한 번씩 돌아오는……" 이들에게는 어느 노래 가사처럼 아주 사소한 일일 뿐이다.[4]

그렇지만 사태는 여전히 심각하다.

- 머지않아(사실 이미 시작됐지만) 기후 온난화 평균 속도는 이전에 상상할 수 있었던 모든 범주를 초월할 것이다.
- 일부 영향은 돌이킬 수 없거나 회복하는 데 수천 년이 걸릴 것이다.
- 2017년, 정확한 날짜로는 8월 2일, 우리는 지구가 1년에 재생할 수 있는 자원을 전부 써버렸다. 이날 이후 우리는 지구에 빚을 지고 있는 것이다. 매년 이 순간이 점점 앞당겨지고 있다.
- 이산화탄소 배출은 세계 생태 발자국의 60%를 차지한다.

4 프랑스 가수 클로드 프랑수아의 노래 <대중가요>의 가사—옮긴이.

• 수많은 연구에 따르면 현재 지구 온난화 현상은 명백히 인간 활동 때문이다. 더는 우리 자신을 속일 수 없다.

쓰레기와의 상관관계

2008년에서 2020년 사이, 인간이 배출한 전 세계 쓰레기양은 이전보다 40% 증가할 것이다.[5] 벨기에에서 쓰레기를 가장 많이 생산하는 주체는 단연 산업이다. 산업쓰레기는 벨기에 전체 쓰레기의 48%를 차지하고 있다.[6]

그렇지만 개인의 책임을 회피하지는 말자! 사소한(또는 쓸데없는) 욕구를 충족하기 위한 우리의 소비 행태는 지구에 직간접적으로 영향을 미친다. 게다가 우리가 소비하는 제품을 생산하기 위해 산업에서 연간 1인당 3,500kg에 해당하는 쓰레기가 배출된다고 추정된다. 이 3,500kg 외에 1인당 연간 산업을 먹여 살리기 위해 유럽 영토로 들여오는 원재료 17톤을 더해야 한다. 따라서 전부 합하면 유럽인 한 명이 한 해에 평균적으로 약 20톤의 자원을 소비하는 셈이다.

5 Planetoscope, www.planetoscope.com/recyclage-dechets/dechets.
6 지속 가능한 발전 연구 www.les.cachiers-developpement-durable.be/entreprendre/introduction.

플라스틱은 판타스틱하지 않다

1960년대, 플라스틱이 처음으로 모습을 드러냈다. 사기그릇이 플라스틱 그릇으로 대체되고, 나무로 된 튼튼한 가구의 자리를 포마이카 가구가 빼앗았다. 플라스틱은 판타스틱했다. 견고하고, 유연하고, 가볍고, 특히 어떤 형상이든 제작이 가능했다. 한마디로 혁명이었다.

알고 있나요? 매년 800만 톤에서 1,200만 톤의 플라스틱 쓰레기, 즉 분당 트럭 한 대 분량의 쓰레기가 바다에 버려진다는 사실을?•

• Greenpeace, www.greenpeace.fr/limact-plastiques-oceans.

우리는 플라스틱 없는 삶을 상상할 수 없는 시대에 살고 있다. 플라스틱은 우리가 일상적으로 사용하는 흔한 제품 및 상품의 재료로 쓰인다. 플라스틱은 어느 곳에나 있다. 심지어 바다에서도 찾아볼 수 있다. 하지만 플라스틱 소비는 부메랑이 되어 우리를 덮칠 것이다. 우리가 혁신적이라고 생각했던 플라스틱이 전무후무한 환경적 대재앙을 초래하게 된 것이다.

예를 들면 '플라스틱 대륙(또는 플라스틱 소용돌이)'에 대한 이야기를 들어본 적 있는가? 이 신대륙이 발견되는 위치는 태평양과 대서양 그리고 인도양이다. 우리가 버리는 모든 쓰레기는 바다로 흘러들어가 해류를 타고 이동한다. 이 쓰레기는 빙빙 돌며 모여들어 새로운 대륙을 만들어내는데, 그 면적이 프랑스의 6배에 달한다.[7]

플라스틱 쓰레기는 바다동물에게 치명적이다. 그린피스는 매년 해양동물 150만 종이 플라스틱을 삼켜 죽음에 이른다고 추정한다. 이 문제는 더 악화될 우려가 있다. 게다가 우리가 사는 곳으로부터 그리 먼 곳에서 일어나고 있는 일도 아니다. 해변으로 산책만 나가도 무슨 말인지 이해하게 될 것이다…….

따라서 우리 일상에서 포장을 몰아내는 건 매우 중요한 과제로, 우리 자신의 소비 행태를 반성하게 한다. 하지만 그게 다가 아니다. 우리가 사용하는 수납장에는 상자, 장난감이 가득한데,

7 『르몽드』, www.lemonde.fr/planete/article/2012/05/09/le-7e-continent-de-plastique-ces-tourbillons-de-dechets-dans-les-oceans-1696072_3244.html.

다양한 종류의 플라스틱

플라스틱은 셀 수도 없이 많다. 분류를 위해 7가지 코드가 있을 정도니 말 다 했다. 일부는 재활용될 수 있지만 그렇지 않은 종류도 있다. 플라스틱 중에는 건강에 해로운 것도 있고 비교적 영향이 적은 것도 있다. 대부분의 플라스틱은 탄화수소, 즉 석유 부산물로 만들어진다. 화살표 세 개와 숫자로 이뤄진 마크가 플라스틱을 종류별로 분류할 수 있게 해준다. 로고 모양을 보면 그렇게 생각할 수 있지만 세 개의 화살표가 있다고 해서 무조건 재활용된다는 의미는 아니다.

연구에 따르면 일부 플라스틱은 식료품에 독성 플라스틱 물질, 발암 물질을 스며들게 해 불임, 암, 내분비계 질환을 유발하는 등 건강을 심각하게 위협할 가능성이 농후하다.

이제부터 어떤 플라스틱을 주로 써야 할까?•

만약 지구를 생각한다면, 1번(PET 또는 PETE)과 2번(PE-HD)을 선택해야 한다. 이 두 종류는 재활용이 가능하다. 만약 건강을 지키고 싶다면 2번, 4번(PE-LD), 5번(PP)이 적합하다. 하지만 만약 건강에도 신경 쓰고 동시에 지구까지 생각한다면 2번만 사용 하자.

• Ecoconso, www.ecoconso.be/fr/content/le-plastique-cest-pas-automatique.

대부분 플라스틱 재질에다가 십중 팔구는 중국산 제품이다. 이제부터는 지속가능하고 지역에서 생산된 대체재를 사용해보면 어떨까? 나무 장난감부터 스테인리스 빨대까지, 대안은 점점 늘어나고 있다. 그리고 중고품도 잊어선 안 된다

그럼에도 불구하고 코르네유의 비극에서처럼 우리는 선택의 기로에 서게 된다. 재활용이 가능한 플라스틱을 우선시해야 할까, 아니면 건강에 '덜 나쁜' 플라스틱을 우선시해야 할까?

우리 가족은 플라스틱에 이별을 고하기로 결심했다. 이렇게 해서 우리 가족의 건강과 환경이라는 두 마리 토끼를 잡을 수 있었다.

분리수거, 잘못된 굿 아이디어인가?

벨기에 정부는 가정에서부터 분리수거가 이뤄질 수 있도록 시민의 책임의식을 촉구한다. 따라서 분리수거는 의무사항이며 이를 이행하지 않으면 벌금을 물 수 있다.

재활용이 가능하고, 새로운 제품으로 재탄생할 수 있는 재료가 소각장에서 생을 마감하거나 최악의 경우 자연에 유기되는 일을 막아준다는 점에서 분리수거는 의미가 있는 작업이다. 덕분에 폐기물은 새로운 형태로 삶을 이어나간다. 음료수 캔은 자전거가 되고, 물통은 플리스 재킷, 장난감 또는 화분으로 새롭게 탄생하며, 플라스틱 용기는 산업용 호스와 케이블로 변모한

다……. 운이 좋은 경우에 한해서 말이다.

불행히도 우리가 배출한 쓰레기 중 재활용 되는 양은 극히 적다. 전 세계적으로 플라스틱 재료의 15%, 아연의 20%, 구리의 15%만 재활용된다.[8]

살고 있는 지역에 따라 분리수거 방법도 다르기 때문에 분리수거 지침을 제대로 파악하지 못하면 헷갈리기 십상이다. "이 떠먹는 요거트 용기는 재활용되나?", "알루미늄은 어느 통에 넣어야 하지?" 결국 분리수거의 효과가 떨어지는 결과를 가져온다.

분리수거는 하나의 방법일 뿐, 쓰레기를 줄여주지는 않는다. 다만 다른 용도를 부여해줄 뿐이다. 쓰레기의 변신은 에너지 측면에서뿐만 아니라 재정적인 측면에서도 사회에 비용을 발생시킨다.

게다가 사람들은 대체로 재활용 불가 제품보다 재활용 가능 제품을 선택함으로써 양심을 달랜다. 재활용이 국내에서 이뤄진다면 보람있는 일이라고 할 수 있지만 늘 그렇지는 않다. 예를

분리수거 덕분에 재료들은 새로운
형태로 삶을 이어나갈 수 있다.
음료수 캔은 자전거가 되고,
물통은 플리스 재킷, 장난감 또는
화분으로 새롭게 탄생하며,
플라스틱 용기는 산업용 호스와
케이블로 변모한다…….
운이 좋은 경우에 한해서 말이다.

8 Planetoscope, www.planetoscope.com/recyclage-collecte/149-chiffre-d-affaires-du-recyclage-dans-le-monde.html

들어 벨기에에는 파지를 처리하고 재활용할 수 있는 세계 최고 수준의 기계가 있지만 중국에 대량의 파지를 판매한다. 따라서 벨기에는 유럽 전역에서 원재료를 다시 사들여야 한다. 너무나 부조리하지 않은가?

그렇다면 쓰레기 제로 실천을 통해 구매할때부터 쓰레기를 줄이는 게 더 효과적인 방법 아닐까? 과대포장을 근절하고 질 좋은 물건을 적게 구입한다면 가능한 얘기다. 어쩔 수 없이 생성되는 쓰레기는 분리수거로 처리하고 말이다.

3 나는 행동하는 소비자니까

쓰레기 제로 무대에 오르는 주인공은 '행동하는 소비자'가 될 결심을 하는데, 이는 확고한 기준을 세우고 심사숙고해 물건을 구매하겠다는 뜻이다. 즉 구매와 욕구에 대한 통제력을 되찾는 일이다. 이제 우리는 의식적으로 구매 여부를 결정한다.

모든 구매 행위는 곧 소비자의 목소리다. 어떤 제품을 더는 구매하지 않겠다는 결단은 환경을 더 존중하고 쓰레기를 더 적게 배출하는 생산방식을 지지한다는 적극적인 의사 표명이다. 더 나아가 산업화의 확장을 저지하는 힘이 된다. 목소리 하나하나가 중요하다는 걸 잊지 말자.

4 건강을 지키기 위해

자신의 건강을 지킬 수 있다는 것도 쓰레기 제로 라이프의 장점 중 하나다. 포장된 제품을 멀리하기 시작하면서 성분조차 모르는 수많은 공산품에는 눈길도 주지 않는다.

결국 우리는 집밥을 먹게 된다. 그러면 음식에 뭐가 들어갔는지 알 수 있다. 예를 들어 아이들 간식에 넣는 설탕의 양뿐만 아니라 사탕수수, 아가베 시럽, 꿀, 코코넛 설탕 등 설탕종류도 선택할 수 있다. 이렇게 해서 공산품 간식에 흔히 쓰이며 건강에 해롭다고 알려진 백설탕에 작별을 고하게 된다. 아이들을 위해서도 잘된 일이다.

설탕 섭취 감소는 아이의 흥분을 가라앉혀주고(설탕을 과잉섭취하면 아이는 흥분에 빠진다), 과체중 위험과 2형 당뇨병(이 질병은 유전적 요인보다는 식습관과 관계있다)에 걸릴 위험을 줄이는 데 도움이 된다.

또한 음식에 들어가는 소금의 양을 제한하고 조절할 수 있다. 대체로 완전조리 식품은 너무 짜다. 특히 농식품 산업에서 간을 맞추거나 저품질 식재료를 둔갑시키기 위해 또는 보관 기간을 늘리거나 더 자극적인 맛을 내기 위해 소금을 대량 첨가한다.

게다가 이런 제품에 사용되는 팜유는 환경 파괴의 주범이자 건강을 위협하는 적이다.

농업에서 사용되는 포장 또한 우리 건강에 매우 큰 영향을 미칠 수 있다. 기업들은 플라스틱 또는 알루미늄 포장의 높은 위생 수준과 뛰어난 보존성을 자랑한다. 이 포장재는 내구성이 아주 강하고 가벼워 제품을 운반하기에 편리하다. 장점이 많다!

하지만 우리가 모르는 사실이 있다. 점점 더 많은 연구에서 포장재에 포함된 물질이 우리도 모르게 우리의 건강을 잠재적으로 위협할 수 있다는 사실이 드러나고 있다.[9]

젖병에서 추출되는 비스페놀 A, 일부 장난감과 화장품에 사용되는 PVC 플라스틱에서 주로 검출되는 프탈레이트 등의 독성 물질이 우리 먹거리에도 침투할 수 있다는 사실이 수많은 예를 통해 증명됐다. 바로 그 유명한 내분비계 교란 물질이다.[10]

WHO와 유엔 환경계획, 여러 독립 연구를 통해 불임, 암 등 내분비계 교란 물질의 위험성이 강조됐지만 로비단체의 압력으로 아직 많은 국가가 내분비계 교란 물질을 금지할 엄중한 조치를 취하지 않고 있다.

내분비계 교란 물질과 관련된 문제 중 하나는 여러 화학물질에 동시에 노출될 때 나타난다. 이 현상을 칵테일 효과라고 한다. 단 하나의 물질에만 노출되면 문제가 발생하지 않거나 크게 문제되지 않지만, 여러 화학물질이 혼합되면 위험해진다. 예를 들어 아침에 화학 성분이 포함된 샤워 젤로 씻고 나서 마찬가지로 화

9 Le Temps, www.letemps.ch/sciences/2017/03/02/emballages-nuisent-sante.
10 Ecoconso, www.ecoconso.be/fr/Perturbateurs-endocriniens-les.

내분비계 교란 물질

수많은 플라스틱 제품, 화장품, 농약에 포함된 내분비계 교란 물질은 생체 외부에서 유입되는 자연적으로 또는 인위적으로 합성된 화학물질을 일컫는다. 내분비계 교란물질은 호르몬의 기능을 모방, 방해, 수정하고 인간을 비롯한 동물의 내분비계에 악영향을 미칠 수 있다. 또한 성기 기형, 신경계 이상 질환을 일으킬 수 있으며 당뇨와 비만을 유발할 수도 있다.

학 성분이 들어간 데이크림으로 피부에 수분을 보충할 경우, 아주 적은 양이라 할지라도 인체의 내분비계를 교란시킬 수 있다.

5 절약도 할 수 있으니까

보통 쓰레기 제로 경험에 대해 이야기를 하면 돈이 많이 들 것 같다는 반응이 즉각 쏟아진다. 선입견을 버리길!

오히려 정반대다. 쓰레기 제로를 추구하면 돈을 절약할 수 있다. 우선, 벌크 단위로 재료를 구매하기 때문이다. 따라서 같은 제품이라면 40%까지 절약할 수 있다![11] 실제로 제품 가격에는 포장 값도 포함된다. 순진한 기대는 말자. 이 가격은 기업이 부

11 『쓰레기 줄이기, 지속 가능한 소비를 위한 100가지 조언』, 브뤼셀 환경.

담하지 않는다. 바로 소비자가 지불하는 것이다!

게다가 쓰레기 제로식 소비를 추구하면 딱 필요한 만큼만 구매하게 된다. 그러니 3+1 행사로 인한 낭비는 썩 물렀거라!

벌크 단위로 구매하면 같은 제품을 40%까지 절약할 수 있다!

마지막으로 거절의 미학을 통해 "필요하지 않아요"라고 말할 수 있는 방법을 배움으로써 더 적게 소유하는 삶을 살게 된다. 따라서 불필요한 유혹과 안녕이다! 거절의 효과는 바로 지갑에서 확인할 수 있다. 장바구니 다이어트로 지갑은 더욱 살찐다.

6 소유의 삶이 아닌 존재의 삶으로

쓰레기 제로를 시작한 직후에는 쓰레기 제로의 삶이 주는 자유로움을 느끼지 못하더라도, 금세 짐을 하나 내려놨다는 사실을 깨닫게 된다. 불필요라는 짐 말이다.

그렇다고 반드시 현대가 주는 편리성과 작별해야 한다는 것은 아니다! 천천히 한 걸음씩 미니멀리즘 철학으로 나아가는 길에서 더욱 자유로움을 느낄 수 있다. 더 적게, 하지만 더 좋게!

쓰레기 제로라는 삶의 방식을 선택하면서 자연스럽게 우리는 사람들과 더 많이 만나고, 가족과 보내는 시간이 늘어나고,

친구들과 웃고 떠드는 일이 많아졌다. 최근엔 받고 싶은 생일선물을 묻는 질문에, 우리가족은 다른이들처럼 최신 스마트폰이 아니라 '사랑하는 사람과 함께 보내는 시간'을 받고 싶다고 답한다.

결국 우리는 인간성의 본질로 되돌아오게 된다. 소유하는 것이 아닌 존재하는 것으로.

2

쓰레기
제로란?

우리는 쓰레기차가 지나가는 날 쓰레기를 밖에 내놓고, 그 후에는 다음 쓰레기 수거일까지 쓰레기에 대해 생각하지 않는다. 하지만 일단 매주 또는 매달 내놓는 쓰레기봉투가 얼마나 되는지 인식하면 쓰레기양이 우리의 사고를 넘어선다는 걸 인정할 수밖에 없다.

R의 규칙을 R면 쓰레기를 줄일 수 있다

쓰레기통 속을 R뜰하게 줄이고 쓰레기 제로의 삶을 살기 위해서는 거절하기refuse, 줄이기reduced, 재사용하기reuse, 재활용하기recycling, 썩히기composte라는 4R-1C의 규칙을 실천해야 한다. 다음 순서를 따르는 것이 가장 이상적이다.

썩히기퇴비만들기

첫 번째 단계이자 쓰레기통에 가장 직접적인 영향을 미치는 단계는 바로 유기물을 썩혀 퇴비로 만드는 것이다. 실제로 퇴비를 만드는 작업은 우리를 다시 자연의 품으로 데려가준다. 자연에선 쓰레기가 존재하지 않는다. 다만 변형되어 새로운 역할을 할 뿐이다. 예를 들면 다음과 같다.

- 낙엽이 20cm 두께로 쌓인다.
- 나머지는 부엽토가 되어 땅을 유기물로 비옥하게 만든다.

• 이 유기물은 나무 또는 주변 식물의 뿌리에 흡수된다.

이처럼 퇴비는 식물과 주변 생태계의 성장을 촉진한다. 매년 낙엽이 떨어지기 때문에 낙엽층은 어느 정도 계속 유지된다. 지렁이, 톡토기 및 다른 분해 생물들은 비료를 만들기 위해 온 힘을 다해 일한다. 이 비료는 예를 들어 근처의 과일나무가 자라는 데 도움을 주고, 이 과일나무에 열린 과일은 새에게 먹히는 식으로 흐름이 이어진다.

유기물 쓰레기는 썩으면서 조금씩 천연 유기물 비료로 탈바꿈한다. 이렇게 만들어진 퇴비는 영양이 매우 풍부해 식물을 잘 자라게 해주고 원예 전문매장에서 구입한 토탄 부식토의 훌륭한 대체재다.

유기물 쓰레기는 가정 쓰레기의 30%를 차지한다. 퇴비를 만들면 유기물이 소각장에서 무의미하게 사라지는 것을 막을 수 있다. 쓰레기 무게를 기준으로 수거 비용을 부담해야 하는 지역에서 쓰레기를 퇴비로 바꾸는 일은 심지어 가정경제에 직접적인 영향을 미친다. 유기물 쓰레기는 무게가 상당하기 때문이다.

> 첫 번째 단계이자 쓰레기통에 가장 직접적인 영향을 미치는 단계는 바로 유기물을 썩혀 퇴비로 만드는 것이다.

단독주택에 살든 아파트에 살든, 도시에 거주하든 시골에 거주하든, 개인 주거 생활환경이든 공동 주거 생활환경이든 퇴비를 만드는 방법은 무궁무진하다.

정원 퇴비

- 자리를 많이 차지하지 않지만 비교적 간단한 몇 가지 규칙을 지켜야 한다. 껍데기, 소량의 과일 껍질, 먹고 남은 음식, 잡초, 낙엽, 갈색 무지 박스 조각, 커피 필터, 가공하지 않은 나무 등 거의 모든 걸 넣을 수 있다. 하지만 탄소와 질소의 비율이 적절하게 유지되도록 주의를 기울여야 한다. 우리

친구 지렁이와 벌레들이 그 안에서 기분 좋아져야 분해에 적합한 환경이 조성되기 때문이다. 퇴비 사일로를 써도 되고 재활용 목재 또는 목재 팔레트로 직접 퇴비통을 만들 수도 있다. 퇴비의 수분 함량이 너무 높으면 산소가 부족해지고, 너무 적으면 퇴비화가 더디게 진행된다. 따라서 정보를 잘 찾아봐야 한다.

아파트 벌레 퇴비

• 정원이 없는 경우 퇴비를 만드는 이상적인 방법이다. 벌레 퇴비 또는 지렁이 퇴비라고도 불리는 이 방법으로 유기물 쓰레기에서 식물과 베란다 화분을 위한 고품질 천연 액체 비료를 만들 수 있다. 벌레 퇴비통 또는 줄지렁이 또는 붉은 지렁이와 같은 퇴비벌레만 구하면 된다. 직접 퇴비를 만드는 친구, 공동퇴비 제조장, 인터넷 또는 원예 전문매장에서 구할 수 있다.

동네 공동 퇴비 제조장

• 집에서 몇 걸음만 나가면 도착하는 공통 퇴비 제조장에서 할 일은 단 하나다. 바로 가져간 유기물 쓰레기를 넣는 것이다. 공동 퇴비 제조장은 대개 시민들의 의견으로 설치된다. 무료로 사용할 수 있으며 제조장 관리에 참여하면 형성된 부식토를 가져갈 수도 있다.

오렌지색 봉투

브뤼셀 지역에서는 유기물 쓰레기를 오렌지색 봉투에 담아서 버려야 한다. 이 봉투는 브뤼셀에서 120km 떨어진 이프레스 지역의 바이오가스 생산 공장으로 보내져 에너지로 변신한다. 지역 내 공장이 없다면 아주 조금씩만 보낼 수 있는 데다 교통수단과 바이오가스 공장을 작동시키기 위해 화석에너지가 필요하지만, 앞서 언급된 퇴비 만드는 방법을 실행할 수 없는 경우 괜찮은 대체 방안이다.

왈롱 지역의 경우 유기물 쓰레기는 하얀색 봉투와 칩이 부착된 초록색 쓰레기통에 버려야 한다. 수거된 유기물 쓰레기는 브뤼셀과 마찬가지로 바이오가스 발전소로 보내진다. 왈롱 지역에는 발전소가 10여 개 있다.•

• www.bep-environnement.be/wp-content/uploads/2016/09/bep_tri_organiques_leaflet_readytoprint.pdf

벨기에 일부 지역의 경우에는 정원에 설치하는 퇴비통 또는 벌레 퇴비통을 구매할 때 지방자치단체에서 보조금을 지급한다. 우선 지자체에 문의해 허가된 모델의 조건과 유형에 대해 알아봐야 한다. 퇴비 장인들이 초보자들을 이끌어줄 것이다. 이들은 왈롱[1]뿐만 아니라 브뤼셀[2]에서도 활발하게 활동하고 있다.

1 동네 퇴비 제조장 지도 (브뤼셀과 왈롱): www.asblrcr.be/carto.
퇴비 지원 (브뤼셀): www.wormsasbl.org., 퇴비 지원(왈롱): www.lesguidescomposteurs.be.

2 시작하는 사람에게 아주 유용한 정보
브뤼셀 환경: www.environnement. brussels/thematiques/alimentation/mon-alimentation/mon-compost.
왈롱 환경: environnement.wallonie.be/publi/education/guide_compostage.pdf.

거절하기

또다시, 더 많이, 계속해서 소비하도록 부추기는 광고 메시지는 한시도 우리를 가만히 내버려두지 않는다.

- 집에 있을 때는 컴퓨터, 태블릿, 스마트폰, 우편함에 꽂혀 있는 무작위 광고물을 통해
- 가게에서는 제품 포장과 광고물로
- 길거리에서는 광고를 통해

우리를 또다시, 더 많이, 계속해서 소비하도록 부추긴다.

이때 두번째 단계인 거절하기가 필요하다. 이는 시장에서 친절한 상인이 호의로 넣어준 작은 서비스 제품, 호텔에서 제공한 비누 샘플, 덤으로 딸려오는 두 번째 제품이 필요하지 않다고 스스로를 설득할 수 있는 단계를 말한다.

거절하기를 통해 구매한 식료품과 제품이 최선의 경우 찬장행, 최악의 경우 처음 모습 그대로 쓰레기통에서 운명을 달리하는 일을 막을 수 있다.

시간을 내서 집에 있는 쓰레기통 안의 내용물을 분석하는 '쓰레기통 스캔'을 해보면 이 운명을 피할 수 있었던 쓰레기가 뭐였는지 파악할 수 있다. 플라스틱 빨대, 타원형 캡슐 안에 들어 있는 자질구레한 서프라이즈 장난감, 플라스틱 필름, 망가진 저품

광고 사절-로빈슨 구원요청 목록

불특정 다수의 수취인에게 발송된 광고전단이나 무료 신문의 우편함 침투를 막고 말 그대로 우편함의 무게를 16kg 줄일 수 있는 아주 간단한 해결책이 있다. 바로 광고 사절 스티커를 붙이는 것이다. 그럼에도 불구하고 우편함에 또 광고 전단이 들어 있다면 해당 행위를 환경범죄로 간주해 소송을 제기할 수 있다.

하지만 수취인의 성과 이름, 주소가 기재되어 있지 않은 인쇄물에 한해서만 적용된다는 사실을 명심하자. 청구서가 우편함에서 사라질 일은 없을테니, 큰 기대를 걸지는 말자. 선거 전단 또한 '광고 사절'로는 막을 수 없다.

수취인이 기재된 광고우편의 경우 "광고 수신을 원하지 않으시거나 데이터가 제3자에게 제공되는 걸 원치 않으시는 경우, 확인란의 체크 표시를 (해제)해주시기 바랍니다"라는 문구에 확인 표시를 (해제)하는 걸 불행히도 잊어버렸다면 로빈슨 목록(www.robison.be)에 등록신청을 하면 된다. 효과를 보려면 두세 달을 기다려야할 때도 있다. 여기저기에서 데이터베이스가 업데이트되는 데 걸리는 시간이다.

모든 개인 데이터의 남용으로부터 시민을 지키기 위한 사생활 보호법은 이 주제에 관해 "개인의 데이터는 개인에게 귀속된다"고 매우 명확하게 규정하고 있다. 따라서 항상 해당 데이터베이스에서 자신의 정보를 열람하고, 수정하고, 삭제할 수 있다.

'광고 사절' 스티커는 브뤼셀 환경 또는 왈롱 지역 사이트를 통해 해당 행정구역에서 주문할 수 있다.

질 장난감……. 쓰레기통이 주로 일회용, 대부분 플라스틱으로 만들어진 제품으로 가득 채워져 있다는 사실을 곧바로 알게 될 것이다.

종이류 쓰레기통을 찬찬히 살펴보면 우리가 브랜드를 광고

하는 교묘한 수단인 포장지와 온갖 제품을 꼭 구입해야 한다며 장점을 늘어놓는 별의별 광고물에 파묻혀 있다는 사실 또한 깨닫게 된다. 물론 종이는 재활용이 가능하다. 하지만 그 전에 이런 게 꼭 필요한가? 없으면 안 되는 걸까? 적어도 잠깐 쓰고 말 종이를 생산하기 위해 필요한 에너지, 물의 양, 벌목된 나무의 수[3]를 생각해야 하지 않을까?

그렇다면 어떻게 해야 할까? 쓰레기를 걸러내기만 하면 된다. 쓰레기를 없애기로 결심했다면 쓰레기를 만들만한 상황을 피해야 한다. 재사용할 수 없는 포장제품은 이제 카트에 담지 말아야 한다는 의미다.

쉽지 않아 보이지만 여러 대안과 해결책이 있다.

도와주세요, 꼭 그게 필요해요!

창의력을 발휘해보자. 대부분의 식료품이나 인기 제품은 대체 가능하다. 예를 들어 페스토를 만들려고 하는데 잣이 없으면(벌크로 잣을 파는 경우가 많지 않다), 나는 캐슈넛이나 해바라기씨를 사용한다. 그러면 대개의 경우 새로운 맛을 찾아내게 된다. 마치 마법처럼!

3 cdn.greenpeace.fr/site/uploads/2017/09/R%C3%A9sum%C3%A9_Rapport_Greenpeace_Forets_Boreales_26_09_2017.pdf.

줄이기

봄맞이 대청소를 하는데 문득 주방 조리도구를 확인해봐야겠다는 생각이 들었다. 수납장에 국자 4개, 샐러드 서버 4세트, 거품기 3개가 들어 있다는 걸 확인하고 얼마나 깜짝 놀랐는지.

우리집 주방의 모습은 오늘날 우리 사회가 어떻게 돌아가는지 잘 보여준다. 무엇이든 가져야 한다고 여기고, 심지어 한 제품을 여러 개 구해놓는다……. 혹시 필요할지도 모르니까. 그런데 어떤 경우에 필요하다는 걸까? 세 가지 거품기를 동시에 사용할 만큼 손이 많은 것도 아닌데?

세 번째 단계는 바로 줄이기다.

우리집 주방에는 이제 국자 2개, 거품기 2개, 샐러드 서버 2세트만 구비되어 있다. 여전히 많긴 하지만 이 정도면 나쁘지 않은 시작이다.

요즘에는 장을 보러 가면 진짜 필요한 것에만 집중하고, 목표물로 직진해 엄격하게 최소량만 담는다.

소비를 줄이면 쓰레기 생산량에 직접적으로 영향을 미치고, 더 이상 무의미한 구매를 하지 않게 된다. 불행히도 갑자기 마음이 바뀌어 '이거 사자, 봐봐, 엄청 좋다니까' 하는 마음의 소리가 들리면, 우선 진짜로 필요한 물건인지 자문해 보자. 그러면 이 물건으로 무엇을 할 지, 이 물건의 운명은 어떻게 될 지, 물건 가격은 얼마인지 스스로 질문하게 만드는 구매 방지 필터가 만들어진다. 만약 실제로 필요하지 않다는 게 확실하다면 물건을 집지 말고 가던 길을 계속 가면 된다.

재사용하기

보통 지하실과 창고에는 잡동사니가 넘쳐난다. '혹시 필요할지 모르니까' 하는 생각에 쌓아둔 물건들 말이다. 더러는 망가진 물건도 '나중에 고쳐 쓸 수도 있으니까' 일단 보관해두고 고칠 때까지 먼지 구덩이에 처박아둔다.

실제로 지하실이나 창고는 근사한 보물창고다. 안에 있는 물건을 살펴볼 시간만 있으면 상상력을 발휘해 제2의 삶을 부여해주는 건 문제도 아니다. 낡은 잼 병이 집에서 요리할 때 쓰는 멋진 그릇이 되고, 나무 와인 박스는 책장으로서 새 삶을 찾고, 커다란 유리병은 꽃병이 된다.

우리 집의 경우 식료품을 제외한 3분의 2는 중고물품 관련 매장에서 구매한 것이다. 선택지가 아주 다양하고 절약하는 금액도 상당하다. 더군다나 포장도 피할 수 있다.

창의력에 한계란 없다! 꼭 필요해서 어쩔 수 없이 포장되어 있는 물품을 사야할 때는 이 포장지를 어디에 쓸 수 있을지 또는 재활용할 수 있을지 생각해보자.

재사용하기는 새 제품 구매를 줄이고 중고물품 가게나 사이트에 관심을 갖는 일이기도 하다.

우리 집의 경우 식료품을 제외하고 집안에 있는 물건 중 3분의 2는 중고물품 관련 매장에서 구매한 것이다. 선택지가 아주 다양하고 상당한 금액을 절약할 수 있다. 더군다나 포장도 피할 수 있다.

수리도 재사용하기의 일환이다. 이를 통해 물건의 수명을 연장하고 아직 멀쩡한 제품이 쓰레기 처리장에서 일찍 생을 마감하는 일을 막을 수 있다.

재활용하기

벨기에에서 우리는 재활용 챔피언이다. 하지만 쓰레기 제로의 길을 걷기 시작하면 다른 방식으로 행동하는 방법을 배워야 한다. 더 이상 재활용하지 말아야 한다는 게 아니다. 재활용은 꼭 필요하다. 다만 다른 방도가 없을 때 사용하는 최후의 수단이 되어야 한다는 뜻이다.

오늘날 벨기에에서는 재활용이 의무사항이지만 여전히 15~20%가 잘못 분리수거된다. 브뤼셀의 경우 그 수량이 5,500톤에 육박한다.[4] 그렇지만 분리수거에 대한 설명이 항상 명확하지는 않으며 거주 지역에 따라 분리수거 방법이 다르다는 건 모두가 아는 사실이다. 예를 들어 브뤼셀에서는 떠먹는 요구르트 용기를 재활용하지 않지만 왈롱에서는 청록색 봉투에 담아 문제없이 수거해간다.

다른 쓰레기를 버릴 때도 마찬가지지만 사람들은 재활용 가능한 쓰레기를 처리하고 나면 이 쓰레기의 운명을 금세 머릿속에서 지워버린다. 플라스틱 병이 근사한 플리스 재킷으로, 사이다 캔이 자전거로 변신한다는 광고 문구를 보고 물건을 구입하더라도, 안타깝지만 우리가 재활용한 쓰레기가 모두 환골탈태하지는 못한

벨기에에서 우리는
재활용 챔피언이다.

4 지방자치단체 브뤼셀 청결(Bruxelles Propreté)에 따른 수치.

다. 젖은 종이처럼 재활용에 적합하지 않은 일부 소재는 결국 소각로나 매립지에서 생을 마감한다.

우리는 분리수거를 할 때 포장재, 쓰레기, 일회용 용기를 다른 제품으로 재생산하는 과정에서 화석연료, 고갈 위기에 있는 원재료, 물이 소모된다는 사실을 간과한다.

쓰레기 제로 라이프는 생산된 모든 제품을 다시 원료로 재사용하는 순환경제의 관점에 입각해 자원을 낭비하는 행동과 아직 멀쩡해서 한참 더 쓸 수 있는데도 자원을 버리는 행동을 경계한다. 우리는 더 적은 물건으로 더 잘 살 수 있으며 오랫동안 짊어졌던 무거운 짐에서 벗어나 해방감을 느낄 수 있다.

3

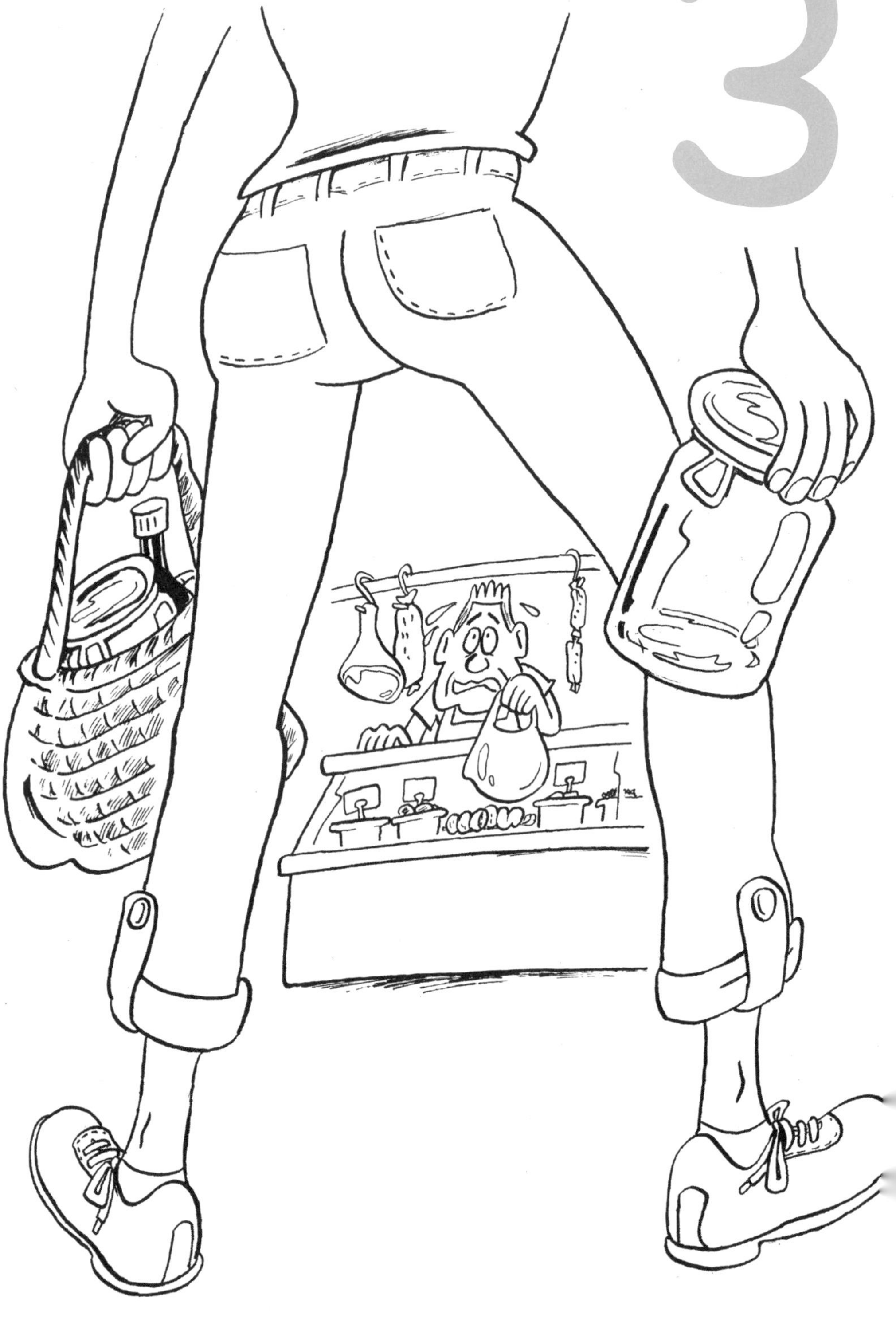

직접 실천하는 쓰레기 제로 라이프

쓰레기 제로에 첫발을 내디딜 때는 어찌할 바를 몰라 방황할 수 있다. 어떤 단계부터 시작하는 게 좋을까? 어떤 용품을 갖춰야 할까? 쓰레기 제로의 대안은 뭘까?
각자 자신의 방법대로 시작하면 된다. 어떤 사람은 가정용 세제부터, 다른 사람은 벌크 구매 또는 중고품 구매부터 시작하기도 한다. 각자 자신의 리듬으로, 자신이 하고 싶은 대로 하면 된다!
이번 장에서는 가장 필요한 순서대로 쓰레기 제로로 향하는 '문'을 하나씩 열어보겠다.

1 쓰레기 제로 장보기에 필요한 장비 마련하기

쓰레기 제로 장보기를 할 때 키워드는 바로 '계획'이다. 장바구니와 통이 없는 즉흥적인 장보기는 이제 그만! 쓰레기 제로 방식으로 장을 볼 때에는 다용도 천 주머니, 빵 주머니, 채소 주머니, 장바구니, 유리 용기, 통 등 기본 장비를 갖춰야 한다. 그래야 물건을 구매할 때 포장을 줄이거나 완전히 없앨 수 있다.

나는 가게에 갈 때 항상 개인 용기를 챙긴다. 빠짐없이 장을 보기 위해 장보기 목록을 적어 가지고 다니려 신경을 쓰는 편이다. 목록을 미리 작성하면 필요한 양이 얼마큼인지 어떤 유형의 용기를 준비해야 하는지 알 수 있다.

장보기 목록을 작성하는 이유는 다음과 같다.

- 며칠 동안 먹을 식사 메뉴를 미리 정한다.
- 더 이상 매일 뭘 먹을지 고민하지 않아도 되기 때문에 스트레스가 줄어든다.
- 목표물로 직진하면 되니 시간이 절약된다.

여기에 즉흥성이 끼어들 여지가 있을까?

쓰레기 제로 장보기는 즉흥적인 행동을 저지한다. 게다가 좋은 점도 있다. 더 이상 저녁 식사 메뉴를 고민하며 슈퍼마켓 코너를 왔다 갔다 할 필요가 없다.

그리고 더이상은 광고나 세일 행사에 현혹되어 필요한 양 보다 더 많이 사지도, 필요하지도 않은 새 제품을 사지도 않는다. 실제로 필요한 물건만 사기 때문에 낭비가 줄어든다. 포장되지 않은 제품을 찾지 못할 경우에는 대체할 방법을 찾아낸다. 이 과정에서 창의력도 함께 자극 할 수 있다.

다용도 천 주머니, 빵 주머니, 채소 주머니……

벌크로 구매할 때 없어서는 안 될 필수품인 천 주머니(홈메이드 또는 기성품)는 매일 함께 다니는 친구가 될 것이다. 견과류, 면류, 쌀뿐만 아니라 밀가루도 담을 수 있다.

다양한 크기의 주머니를 준비하면 장보기가 훨씬 쉬워진다.

• 벌크 제품용 주머니: 13×20cm, 15×20cm, 15×30cm, 18×25cm, 30×40cm
• 빵 주머니: 30×30cm, 40×40cm
• 재활용 천으로 만든 손잡이 달린 가방: 37×35cm

또한 천 주머니는 입구가 충분히 넓기 때문에 벌크 디스펜서에 들어 있는 제품뿐만 아니라 작은 삽으로 퍼야 하는 제품을 손

쉽게 담을 수 있다. 가장 작은 주머니는 고가의 벌크 제품을 담기 좋다.

나는 항상 가방에 천 주머니를 넣고 다닌다. 예기치 못한 상황에 대비하기 위해서다. 친구들과 샌드위치를 먹는다든가, 장보기 목록에 적는 걸 깜빡한 재료를 급하게 사야 한다든가…….

용기 무게를 빼주지 않는 가게에서 사용할 10g 미만의 아주 가벼운 주머니도 필요하다. 티셔츠, 모직, 면 등 재활용 천으로 만들어 약간 더 무거운 20~25g짜리 주머니는 계량할 때 주머니 무게를 꼭 빼야 한다.

쓰레기 제로를 추구하는 일부 가게에서는 고객이 저울에 주머니 무게를 달아 바코드 라벨로 인쇄한 다음 주머니에 부착할 수 있다. 동일한 주머니를 해당 가게에서 이용할 때마다 이 라벨을 보여주면 된다. 하지만 다른 가게에서는 인식하지 못할 수도 있으니 장 보는 가게마다 주머니 무게를 따로 재고, 필요하다면 주머니에 여러 라벨을 붙여놓자.

또한 주머니 무게를 달아 매직 펜 또는 자수로 가방에 표시할 수도 있다. 주머니 무게를 말하면 바로 무게를 빼주는 곳도 더러 있다.

하지만 포장 용기 무게를 빼는 작업이 수월하게 이뤄지지 않는 경우도 종종있다. 용기에 제품을 담기 바로 직전에 용기 무게를 제해야 하는데다 한 번 무게를 재면 더는 조정할 수도 없는데, 일부 매장에서는 계산대에서 용기 무게를 뺄 수도 없거니와 용

용기의 무게를 달다

벌크용 천 주머니뿐만 아니라 유리용기, 통의 무게도 달아야 한다. '용기 무게를 달다Tarer'라는 말은 용기를 저울에 올리고 눈금을 0으로 맞춘다는 의미로, 이렇게 하면 구매한 재료의 무게만 잴 수 있다. 재료를 살 때 포장용기의 무게까지 더해 돈을 내고 싶진 않을 테니까! 만약 kg당 20유로인 견과류를 살 때 병 무게가 120g이라면 금액이 확 뛰어버릴 테니

기 무게를 표시한 라벨도 사용할 수 없다. 따라서 벌크제품을 구매하는 일이 조금 더 복잡해질 수 있다.

벌크 매장이 아니더라도 천 주머니는 매우 유용하다. 예를 들어 점심으로 먹으려고 산 샌드위치를 넣어놓거나(정육점 주인이 하도 머리를 쭉 내밀어 목에서 머리가 떨어질 뻔하긴 했지만), 치즈 덩어리, 장난감, 펜을 가지고 다닌 적도 있었다. 그 당시 천 주머니 말고는 아무것도 없었기 때문이다. 실제로 천 주머니는 식료품을 담을 때 비닐봉지의 훌륭한 대체재다. 더러워지면 세탁기에 넣고 빨면 된다는 것 또한 장점이다.

그래서 나는 항상 가방에 천 주머니를 넣고 다닌다. 예기치 못한 상황에 대비하기 위해서다. 친구들과 샌드위치를 먹는다든가, 장보기 목록에 적는 걸 깜빡한 재료를 급하게 사야 한다든가…….

천 주머니 만드는 방법은 5장 〈직접 만들어 보는 쓰레기 제로 라이프〉에 나와 있다.

통과 유리 용기

우리 가족은 동네 가게 정육점, 가금류 정육점, 치즈 가게, 생선 가게 등에 갈 때 유리 용기나 통을 주로 이용한다.

제품에 따라 통과 유리 용기의 크기는 작을 수도 있고 클 수도 있다. 우리집은 플라스틱이나 유리로 만들어진 통을 사용한다.

- 25cl/250ml: 요거트 또는 소량의 식재료
- 50cl/500ml: 쿠키, 스프레드 잼, 토마토 절임
- 1L: 설탕, 간 코코넛, 카카오
- 1.5～3L: 면, 쌀, 그래놀라

우리 집 찬장에는 아직 플라스틱 상자가 남아 있지만 더 다

유리 용기, 팔 떨어질라!

모두 알다시피 유리는 무겁다! 따라서 물기 없는 제품이라면 들고 다니기에 훨씬 가벼운 천 주머니를 사용하는 걸 선호하며, 집에 도착해서 유리 용기에 재료를 옮겨 담는다.
다른 선택지가 없을 때는 플라스틱 통을 쓴다. 이 경우 비스페놀 A, 프탈레이트, 멜라닌이 없는 제품을 고르려고 주의한다. 그런 다음 조금씩 스테인리스 통으로 바꿔나간다.

양한 용도로 사용할 수 있는 유리용기로 점차 바꿔나가는 중이다. 유리 용기는 오븐, 냉장고, 냉동실에서도 사용할 수 있으며 열에 노출되어도 독성을 배출하지 않고, 날이 있는 조리도구 등에 닿아도 파손되지 않는다.

또한 유리 용기는 식료품을 더욱 오랫동안 보존한다는 점에서 아주 매력적인 보관 용기다. 게다가 식품에 독성 물질이 들어갈 가능성도 원천 차단해준다.

다양한 용기

이외에도 다양한 쓰레기 제로 대체 용기가 있다. 대체 용기는 유기농 매장, 벌크 매장 또는 인터넷 등에서 점점 널리 사용되고 있으며 구하기도 쉽다.

- 스테인리스 통: 가볍고 관리하기 쉬우며 최고로 위생적이다!
- 밀랍으로 만든 재사용 랩bee wraps: 플라스틱 랩과 정육점 포장지를 완벽하게 대체한다. 기성품을 사거나 비용이 부담된다면 직접 만들어 써도 된다. 눈 감고도 할 수 있을 정도로 쉽다! 만드는 방법은 이 책의 5장 〈직접 만들어 보는 쓰레기 제로 라이프〉에 나와 있다.

라따뚜이 다 끝났으면
콩포트 작업에 들어갑시다!

쓰레기 제로 그릇은 어디에서 구할 수 있을까?

그릇을 마련하는 방법은 여러 가지가 있다. 새 제품 또는 중고 제품을 구매하거나 물려 받으면 된다.

우리 가족은 대체로 중고 제품을 구매하는 방법을 택한다. 안타깝지만 항상 원하는 걸 찾는다는 보장도 없고, 시간도 좀 더 걸릴 수 있다. 하지만 원하는 물건을 손에 넣을 수 있다면 그정도 기다림 쯤이야!

반대로 새 제품은 기다리지 않고 바로 구매할 수 있다는 장점이 있다. 이런 경우에는 품질이 뛰어나 오래 사용할 수 있고 수리가 가능한 제품을 선택하는 것이 중요하다.

우리 집은 주로 부모님에게서 받은 웩Weck, 르파르페LeParfait 유형의 유리 용기를 사용한다. 부모님과 조부모님 댁 지하실과 창고는 어마어마한 노다지다! 유리 용기는 내구성이 매우 뛰어나고 세척하기도 쉬우며 내용물을 최적의 상태로 보관해준다.

그렇지만 우리 가족도 그릇을 구매해야 하는 경우가 있다. 그럴 때는 고민없이 소매점 제품을 선택한다. 또한 벌크 매장이나 '지속 가능한' 제품 라인을 생산하는 일부 대형 가구 업체에서 벌크 주머니, 유리 용기, 유리 통 등을 구매하기도 한다.

평생 품질을 보증해주는 매장에서 물건을 구매할 경우에는 망가진 일부 부품만 교환해주면 된다. 예를 들어 유리 밀폐용기의 날개 부분이 망가지면 그 부분만 교체한다.

그런데 두 마리 토끼를 한 번에 잡을 기회가 있다면? 포장된 제품을 구입하는 게 불가피할 때는 유리처럼 재활용 가능한 용기에 들어있는 제품을 구매한다. 대용량을 선택하면 재사용하기가 훨씬 쉽다. 예를 들어 1L짜리 꿀 병은 식기세척기 가루, 호두, 말린 허브 등을 보관하는 데 딱이다.

다 쓴 청소제품 용기 또한 다른 용도로 활용할 수 있으며 집에서 요리를 만들거나 벌크 매장에서 물건을 구입할 때 아주 유용하다. 보증금을 지불한 유리병이나 과일 주스, 식용유, 레모네

이드를 살 때 딸려온 유리병은 액체 제품을 벌크로 구매할 때 사용하면 된다. 이렇게 하면 더 이상 유리 분리수거함에 유리병을 버리지 않아도 된다.

벌크 주머니는 오래된 천을 이용하거나 유기농 매장, 벌크 매장 또는 인터넷에서 구입한 천으로 만들 수 있다. 점점 더 많은 소규모 업체에서 알록달록하며 귀여운 무늬가 들어간 원단으로 다양한 종류의 천 주머니를 만들어 판매하고 있다. 모든 취향을 만족시킬 만큼 종류가 다양하다.

스테인리스 통과 재사용 랩은 주로 인터넷 사이트를 통해 구매한다.

2 지역에서 난 제철 먹거리를 벌크로 구매하기

가지각색 벌크 구매 방법

벌크로 구매할 수 있는 제품을 다 알지는 못한다. 하지만 선택의 폭이 점차 넓어지고 있는 것은 사실이다. 일반적으로 벌크 구매라고 하면 견과류, 파스타, 말린 과일을 떠올리지만 요즘엔 세탁 및 주방 세제, 식용유, 식초, 와인, 아가베 시럽, 아몬드 페이스트, 초콜릿 스프레드, 메이플 시럽 등 액체류도 벌크로 판매한다. 필요한 제품이 있으면 상인에게 직접 주문하는 방법도 있다.

벌크로 구매할 경우 특히 원산지와 가격에 주의를 기울여야 한다. 일부 가게에서는 새로운 소비 경향으로 부상한 벌크 판매가 돈벌이가 좋다는 걸 간파하고 제품 가격을 두 배나 올려 판매하기도 한다. 따라서 시간을 들여서라도 비교해볼 가치가 있다.

쓰레기 제로 생활을 시작했을 때 우리 가족은 여러 가게를 직접 방문하고 테스트하면서 이런저런 제품을 구매하기에 가장

벨기에의 쓰레기 제로 매장 목록

쓰레기 제로를 위한 노력은 지역 내에서 이뤄져야 한다. 장을 보기 위해 몇 km를 돌아다닌다면 본말전도이기 때문이다. 블로그 제로카라비스투유(www.zerocarabistouille.be)에는 쓰레기 제로를 지향하는 매장들이 대부분 목록으로 정리되어 있다. 이 목록은 정기적으로 업데이트된다.

적합한 곳을 가려냈다.

'쓰레기 제로' 가게

쓰레기 제로에 동참하는 가게가 즐비한 유럽은 쓰레기 제로 라이프를 추구하는 사람들의 천국이다. 브뤼셀, 왈롱 지역뿐만 아니라 대도시가 아닌 지역에서도 쓰레기 제로 가게를 찾아볼 수 있다. 쓰레기 제로 운동은 현재 진행 중이며 한동안 계속될 전망이다. '릴리 벌크Lilly Bulk'처럼 구매 제품을 자전거로 집까지 배송해주는 서비스도 있다.

GASAP, GAC 그리고 AMAP

우리 가족은 오래전부터 소규모농업생산품연대구매단체GAS(AP) 회원이다. 비슷한 단체로는 공동구매단체GAC가 있으며, 프랑스에서는 소규모농업지원협회AMAP가 유명하다.[1]

농산물을 직거래하면 맛있고 질 좋은 농산물을 중간 유통 단계 없이 생산자에게서 직접 구입할 수 있을 뿐만 아니라 농산물의 원산지와 생산자, 경작방식 등을 알 수 있다. 또한 제철 지역 먹거리를 확실히 제공받을 수 있다.

우수한 지역 농산물을 맛보고 싶다면 생산자와 단체헌장에 서명하고 보통 3개월마다 회비를 납부하면 된다. 일반적으로는 3개월 단위로 갱신된다. 생산자는 한 해 동안 소득을 보장받고, 고객의 수에 따라 매달 필요한 수확량을 고려해 더 체계적으로 농사 계획을 세울 수 있다. 배송은 매주 또는 격주로 이뤄진다. GASAP 회원은 생산자와 제품 배송 일자, 시간, 주소를 정한다. 또한 단체가 제대로 운영되고 있는지 적극적으로 감시한다. 예를 들어 단체 내 의사소통, 회계, 생산자와의 연락 등 다양한 역할과 책임을 돌아가며 맡고, 다양한 배송 바구니에 kg 단위로 농산품을 나눠 담는 일을 돕기 위해 일 년에 두세 번 자발적으로 노동력을 제공하기도 하며, 분기별 회의에도 참여한다.

중간 유통 과정이 없기 때문에 매우 합리적인 가격으로 이용할 수 있다. 앞서 언급한 GAS를 예로 들면, 4인용 채소 한 바구니(8~10kg)의 가격이 19유로다. 거의 매일 채소를 먹는 우리 가족도 2주 동안 실컷 먹을 만한 양이다.

GAS는 채소 외에 유제품, 맥주, 과일, 주스, 스프레드 등 다른

1 GASAP 및 GAC 찾기: 브뤼셀 www.gasap.be; 왈롱 및 브뤼셀 www.asblrcr.be/gac.

유기농이냐 아니냐, 그것이 문제로다

쓰레기 제로를 지향한다고 해서 꼭 유기농 제품을 구매해야 하는 것은 아니다. 이 문제는 각자의 신념에 달려 있다. 하지만 쓰레기 제로를 목표로 하다보면 자연스럽게 더욱 지속 가능한 가치를 추구하고, 결국에는 벌크로 구매할 수 있는 제품이 많은 유기농 매장으로 발걸음을 돌리게 된다. 유기농 제품을 선호하는 이유는 농약을 걱정하지 않아도 되기 때문이다. 하지만 안타깝게도 현재 대규모 유통업체가 유기농 관련 산업을 꽉 잡고 있는 탓에 자연 존중, 생산자 간의 연대, 식량 자립, 재배작물 및 축산품목 다양성 등을 중시하며 짧은 유통망이 특징인 소규모 유통업체들은 기를 펴지 못하고 있다.

유기농 제품 인증 제도의 이중 잣대도 문제다. 엄격한 기준을 통과해야 획득할 수 있는 인증라벨 외에 허술한 기준을 적용하는 인증 라벨도 있다. GMO 작물 혼입 기준이 0.9%이며 약물 처리와 유기농과 비유기농 작물의 혼합 재배를 허용하는 유럽 라벨이 바로 그 예다.• 또한 대형 마트에서 판매되는 유기농 제품에는 두 가지 그림자가 뒤따른다. 농업 종사자들이 노력에 대한 정당한 대가를 받지 못할 뿐만 아니라 유기농 제품은 수입 의존도가 50% 넘는 대량 수입 품목이기 때문에 환경오염을 심화시킨다.

우리 가족은 유통 과정이 짧은 지역 생산품에 관심을 갖고, 단골가게에서 들여놓는 제품의 원산지를 확인하고, 제철 농산물을 애용하면서 자연을 존중하는 방식으로 재배된 균일한 품질의 유기농 제품을 더욱 적극적으로 응원하고 있다.

지역 먹거리임에도 불구하고 유기농법 또는 자연친화적 농법으로 재배한 제품인데도 인증 라벨이 찍혀 있지 않을 수도 있다. 농산품이 유기농 방식으로 재배된 것은 맞으나 유기농 인증 비용이 너무 비싸거나 시스템이 너무 복잡하다는 이유로 생산자가 인증 라벨을 획득하지 않은 경우다. 결국 유기농 제품이 표준이 되고 비유기농 제품에 라벨을 붙여 구분하는 게 맞지 않을까?

• www.natura-sciences.com/agriculture/label-ab-label-bio816.html.

제품도 판매한다. 괜히 '무적의 GAS'라 불리는 게 아니다. 상상 그 이상으로 다양한 종류의 제품을 만나볼 수 있다.

초록 바구니

배송 주기나 책임 부담 등의 이유로 평상시 공동 구매 시스템에 참여하는 일이 복잡하게 느껴진다면 초록 바구니를 통해 신선한 과일과 채소를 구매하는 방법도 있다. 초록 바구니는 GAS와 달리 생산자 개인 또는 조합이 조직하거나 개인인 제3자가 개설한 웹 플랫폼을 통해 이뤄지는 직거래 판매를 말한다.

- 생산자 바구니(아그리코베르Agricovert, 초록 바구니Les Paniers verts, 몽타발과 생트바브 농장fermes du Montaval et Sainte-Barbe, 쥘리엔Julienne 등): 손수 키운 농산물에 다른 생산자나 조합, 도매상으로부터 구매한 농산품을 일부 끼워 넣은 바구니를 생산자가 직접 유통한다. 필요할 때 주문을 넣거나 정기 배송을 통해 상품을 받아볼 수 있다. 또는 장소를 지정해 바구니를 배송시킬 수도 있다.

- 웹 플랫폼(이팜eFarmz, 토피노Topino, 뢰뢰누보L'Heureux nouveau): 유기농산물, 자연친화적 농산물, 지역 농산물 및 제철농산물로 구성된 바구니를 판매하며 보통 레시피를 함께 넣어서

보내준다. 주로 벨기에 농가에서 재배한 채소를 판매하지만 때때로 구성 품목에 이웃국가나 유기농산품 도매업체에서 사들인 채소가 포함되기도 한다. 집, 특정 장소 또는 농가를 배송지로 지정할 수 있다. 가입은 선택사항이다. 보통 주문할 때 요금을 지불하면 된다.

- 지역 농산물 장터 플랫폼(라 뤼슈 키 디 위La Ruche qui dit oui): 대형 마트를 이용하지 않고도 지역에서 난 제철 농산물을 구매할 수 있는 방법이 하나 더 있다. 바로 소규모 농산물 직거래 장터다. 전용 웹 사이트를 통해 지역 담당자가 중개하는 지역 공동 구매에 소비자가 참여하는 방식으로 진행된다. 소비자는 온라인으로 직접 생산자에게 농산물을 선주문하고 지역 담당자가 섭외한 장소에서 농산물을 받아간다. 채소, 과일, 유제품을 막론하고 아주 다양한 종류의 제품을 한곳에서 만나볼 수 있어 매우 편리하다. '푸드 어셈블리Food Assembly'로 널리 알려져 있다.

농가에서 직접 채소 수확하기

신선한 유기농 제철 과일과 채소를 포장 없이 구매하는 또 다른 방법은 농장 시장(라팽카La Finca, 마리스 가든Marie's Garden, 르픽베르Le Pic-Vert, 프루트타임Fruit-Time, 페름데스텍스Ferme Destexhe, 플뤼크플레크

PlukPlek)을 방문하는 것이다. 이곳에서 소비자는 원하는 채소, 과일, 꽃을 직접 수확할 수 있다. 뿐만 아니라 자연과의 관계를 회복하고, 채소 재배 과정을 경험해볼 수 있으며, 아이들과 재밌고 다채로운 시간을 보낼 수 있다. 노동력을 투입하거나 중개인을 거치지 않아도 되기 때문에 가격 또한 훨씬 저렴하다.

시장

선택지가 다양한 만큼 농산물 구매처를 고르는 것이 결코 쉬운 일은 아니다. 결국에는 유기농인지 아닌지, 지역 농산품인지 아닌지 등 소비자가 추구하는 가치, 기대, 필요가 선택의 기준이 된다. 일반적으로 시장 상인들은 쓰레기 제로 운동에 매우 긍정적이다. 따라서 고객이 가져온 용기의 무게를 측정하고 농산물을 담아주는 데 아무 거리낌이 없다.

일반적으로 시장 상인들은 쓰레기 제로 운동에 매우 긍정적이다. 따라서 고객이 가져온 용기의 무게를 측정하고 농산물을 담아주는 데 아무 거리낌이 없다.

유제품, 육류, 과일, 채소, 빵 등의 신선 식품부터 견과류와 콩류 등 건조식품까지 매우 다양한 제품을 한곳에서 만나볼 수 있어 시간도 절약된다. 게다가 시장이 문닫을 즈음이면 할인 혜택이 주어지기도 한다. 토마토 한 상자, 붉은 과일을 저렴한 가격에 구입해 병조림을 만들 수 있으니 얼마나 수지맞는 장사인가.

지역 소상공인

예전에는 대형 마트에서 소시지나 햄, 고기, 치즈를 사는 게 너무 익숙한 나머지 소상공인의 존재를 까맣게 잊고 살았다. 소상공인이 운영하는 가게는 매력 만점인 데다 정이 넘치는 곳이지만 휴가를 떠났을 때만 시간을 내 둘러보는 정도였다.

현재는 정육점 '프레디와 벨린다Freddy et Belinda', 가금류 전문 정육점 '퀴르Kurt', 치즈 가게 '베르나르Bernard', 생선 가게 '쉬를레Shirley'를 우리 가족과 쓰레기 제로 여정을 함께할 동료로 받아들였다. 소상공인과 교류하면서부터 우리 가족은 원산지가 확실한 질 좋은 제품을 맛볼 수 있게 됐다. 하지만 안타깝게도 해가 지날수록 소상공인들 보기가 어려워지고 있다. 단지 지나가는 아무개 손님이 아니라 단골 대접을 받고 특별 주문 및 맞춤 주문을 할 수 있는 가게에서 제품을 사는 게 훨씬 기분 좋은 일인데 말이다!

또한 소상공인이 운영하는 가게에 포장 용기를 가져가면 대부분 열렬한 환영을 받을 수 있다. 손님에게 매일같이 제공하는 포장 용기와 비닐봉투로 인한 금전적, 환경적 부담을 누구보다 잘 알고 있기 때문이다.

소상공인도 고객도 첫 경험은 서툴기 마련이다. 포장 용기의 무게를 재는 일이 모두에게 낯설기 때문이다. 나쁜 의도가 없더라도 몸에 밴 오랜 습관 때문에 포장 용기나 포장용 천의 무게를 빼는 걸 깜빡할 수도 있다.

게다가 아직 쓰레기 제로에 동참할 준비가 되어 있지 않은 가게도 있다는 사실을 이해하고 받아들이는 자세가 필요하다. 이런 경우, 나는 일단 감사 인사를 하고 조금 더 유연한 사고방식을 갖고 고객의 요구에 귀 기울여주는 다른 가게를 찾아 떠난다. 때로는 다른 손님 모두를 응대할 때까지 기다려도 괜찮다거나 가게가 가장 붐비는 시간을 피해 다시 들르겠다는 말로 가게 주인의 마음을 편하게 만들어줘야 할 때도 있다. 그러면 나중에 더 느긋하게 주문할 수 있다.

지역 소상공인과 거래하며 얻을 수 있는 즐거움 중 하나는 바로 지역 네트워크를 형성할 수 있다는 것이다. 이를 통해 자신이 사는 동네를 더 잘 알게 되고, 새로운 인연을 만들고, 일면식도 없는 사람이 아니라 믿을 수 있는 사람에게서 제품을 구입할 수 있게 된다. 또한 소상공인과의 교류로 그들이 전문성을 오래도록 지속할 수 있는 지지 기반을 만들어줄 수 있다.

연대의식으로 뭉친 가게

시민의 힘과 아무 행동도 하지 않으면 어두운 미래가 도래할지도 모른다는 우려가 새로운 움직임을 만들어냈다. 대체로 색다른 무언가를 시도해보고자 하는 이들 사이에서 이러한 움직임이 시작되곤 한다. 이 사람들은 가치를 중요시 여기기 때문에 소

크라우드 펀딩 또는 소셜 펀딩이란?

혁신적인 자금조달 방안인 크라우드 펀딩의 목표는 최대 다수의 사람을 연합해 프로젝트 개시 또는 개발에 필요한 금액을 모으는 것이다. 크라우드 펀딩은 웹 플랫폼을 통해 프로젝트 입안자와 투자자/기부자, 기업 또는 개인 간의 만남을 주선한다.

비하는 제품에 대한 정보가 더욱 투명하게 공개되길 바라고, 주체적인 소비를 지향하고, 더욱 인간적이고 연대의식이 강한 사회를 만들고자 한다.

이렇게 해서 사회적 식료품점, 협동조합 매장과 같이 연대의

식으로 뭉쳐 대체 방안을 제시하는 가게가 점점 많아지고 있다.

스하르베르크 지역의 비스 쿱BEES Coop, 위클의 레피L'Épi, 마르시엔오퐁의 쿠페코Coopéco, 네탕의 라프티트 에피스리La Petite Épicerie 등이 그 예다.

보통 이런 프로젝트 입안자는 소셜 펀딩을 이용해 필요한 투자금을 유치한다.

협동조합의 경우 협동조합원, 즉 회원이 되면서 프로젝트를 만드는 데 참여하고 시간을 할애해 협동조합이 원활하게 운영되도록 돕는다. 그 대가로 조합의 제품을 이용할 수 있다.

FASFC 때문이라고?

상인이 고객의 용기에 제품을 포장하는 걸 거부한다면 대개는 FASFC 때문이다. FASFC는 공중보건을 보호한다는 명목으로 위생과 식품 안전에 관련해 매우 엄격한 규범을 강요한다. 상인은 벌금을 물을까봐 또는 최악의 경우 구속될까봐 두려워한다.

하지만 FASFC는 고객이 가지고 온 용기를 사용하는 걸 금지하지 않고 포장과 관련한 몇 가지 행동지침을 정의했다.

- 용기는 깨끗해야 한다.
- 용기가 식품 포장에 적합해야 한다. 신발을 구매하면서 받은 비닐봉지는 기준에 부합하지 않는다.

FASFC란?

벨기에 연방식품안전청을 지칭한다. 사이트에 명시한 것처럼 이 기관의 임무는 '인류 및 동식물의 건강을 보호하기 위해 먹이사슬의 안전보장과 먹거리의 품질을 감시하는 것'이다. 다시 말해 이 기관에서 호텔, 음식점, 카페, 식품매장의 위생 규칙을 정의한다.

- 특정 용도에 적합해야 한다. 따뜻한 요리를 포장해가려면 따뜻한 음식을 넣어도 문제없는 용기여야 한다. 또한 음식을 곧바로 냉동실에 넣으려면 냉동실 보관에 적합한 용기를 가져와야 한다.
- 포장 용기를 직접 제공한 소비자는 본인에게 모든 책임이 있다는 걸 인지해야 한다.

하지만 FASFC가 사이트에 명시한 것처럼 "상인은 언제나 소비자가 제공한 포장 용기 사용을 거부할 권리가 있다. 하지만 이 거부 행위는 FASFC가 금지하고 있다는 변명으로는 정당화될 수 없다".

따라서 설득하기 위해 묘책을 짜내거나 더 나은 가게가 있는지 둘러볼 수밖에 없다…….

슈퍼마켓은?

새로운 삶을 살기로 하면서 우리 가족은 조금씩 대형 마트를 보이콧하기로 결정했다. 왜냐고? 이유는 단순하다. 쓰레기를 줄이고 싶어 하는 사람을 위한 배려가 전혀 없기 때문이다. 과일과 채소 외에 유기농을 포함한 모든 제품이 포장된 상태로 판매되며 심지어 과대포장되어 있다. 마트 조리 음식 판매대에서 우리가 가져간 용기에 물건을 담아주는 경우는 아직 극히 드물다. 계산대에서는 거의 외계인보듯 한다.

몇몇 대형 마트는 벌크 상품을 일부 마련해 쓰레기 제로 고객의 환심을 사려 애쓰지만 안타깝게도 벌크로 판매되는 식료품의 품질과 제작 및 유통 과정이 모호한 경우가 많다.

3 직접 채소 가꾸기

도시든 시골이든 공동 채소밭, 정원, 발코니 등 채소를 직접 키울 만한 장소는 무궁무진하다. 자연과의 관계를 회복하고 직접 키운 채소를 맛볼 수 있다. 새로운 지식을 습득하며 맛보는 충만감도 좋지만, 사랑과 인내심으로 키운 채소의 맛은 무엇과도 비교할 수가 없다!

정원이나 발코니에 만드는 나만의 텃밭

집에 정원이 있다면 쉽게 텃밭을 가꿀 공간을 확보할 수 있다. 약간의 도움과 책 한 권, 또는 둘 중 하나만 있어도 간단하게 시작할 수 있다. 계절에 따라 채소가 성장하는 걸 볼 수 있다니, 이 얼마나 행복한 일인가! 단지 성장에 필요한 공간을 확보할 수 있도록 몇 가지 규칙을 준수하고 식물 간 조화에 대해 알아보기만 하면 된다.

자그마한 발코니만 있어도 나만의 텃밭을 만들 수 있다. 서양단호박, 토마토, 애호박 등은 물론 신선하고 다채로운 맛의 요리를 위해 향신료도 재배할 수 있다. 바질, 파슬리, 타임, 오레가노, 민트 등의 허브는 발코니 화분에서 아주 잘 자라며 제철에 작은 꽃을 멋지게 피워낸다.

공동 텃밭

만약 아파트나 정원이 없는 집에 산다면 공동 텃밭이 아주 훌륭한 대안이다. 텃밭은 개인 경작구역과 공동 경작구역으로 나뉘어 있다. 모든 것은 원하는 만큼 또는 가능한 만큼 텃밭에 공을 들이는 시간과 노력에 달려 있다.

개인 경작구역은 자신의 구역에서 자란 작물의 수확을 직접 책임져야 하며 특히 여름에 자주 들여다봐야 한다.

놀라운 먹거리

영국에서 시작된 놀라운 먹거리 운동(Incredible Edible)은 전 세계로 퍼져 나갔다. 콘셉트는 다음과 같다. 시민 집단이 심은 식용 식물을 지나가는 사람도 가져갈 수 있게 하는 것이다. 완전히 무료인 '먹거리 공유'라고 할 수 있다. 이 활동은 주민들에게 음식을 직접 길러 먹는 즐거움을 일깨워주는 것 외에도 새로운 과일과 채소를 맛볼 수 있게 해준다. 공공장소를 주체적으로 이용하는 지혜로운 방법이다.

다음 사이트에서 더 많은 정보를 찾아볼 수 있다.

www.incredibleediblebelgium.wordpress.com.

(준)공동 경작구역은 작물을 홀로 관리하지 않아도 된다. 채소를 가꾸는 일은 물론 수확물도 나누기 때문이다. 안타깝게도 보통 대기자 명단이 긴 편이라 공동 텃밭에 자리를 얻으려면 기다려야 한다.

그렇다면 이웃이나 친구들과 하나 만들어보면 어떨까?

방치되어 있는 녹지대를 사용해도 되는지 해당 기초자치단체에 문의해보자. 대체로 기초자치단체는 이런 유형의 프로젝트를 지원하며 때로는 자금을 후원해 도시 텃밭을 실현할 수 있도록 돕는다. 광역자치단체의 경우 정기적으로 프로젝트를 진행해 공동 텃밭을 위한 보조금 신청을 받는다. 이렇게 해서 우리는 집 바로 뒤 공원에 공동 텃밭[2]을 만들 수 있었다.

2 공동텃밭 목록: 브뤼셀 www.potagersurbains.be; 왈롱 www.asblrcr.be/potager-collectif.

4 쓰레기 제로 요리하기

조리 식품 덕분에 삶이 더 편리해졌지만, 조금 더 가까이 가서 무슨 재료로 만들었는지 들여다보면 겁을 집어먹게 된다. 쓰레기 제로에서는 요리에 들어간 재료를 100% 투명하게 알 수 있다. 요리에 무엇을 넣을지 결정하는 주체가 바로 우리 자신이기 때문이다.

요리를 하는 과정에서 해본 적 없는 일에 도전도 해보고 조금 익숙해지고 나서는 새로운 것을 시도해보기도 한다. 이처럼 부엌에서 많은 것을 배울 수 있다. 아이들 또한 새로운 요리를 시도해보거나 맛보는 걸 좋아한다.

요리는 이제 우리 가족의 인생철학이 됐다. 우리 일상을 완전히 뒤바꾸긴 했지만 말이다. 다른 방식으로 해보고, 예측하고, 테스트하는 방법을 배워야만 한다.

요즈음 우리는 식물성 우유, 스프레드 잼, 키슈, 타르트 반죽, 토마토 조림, 그래놀라 등 거의 모든 걸 직접 만든다. 양을 두 배, 세 배 만들면 매주 다시 만드는 수고를 줄일 수 있다. 수프나 저장 음식 같은 것은 대량으로 만들어 일 년 내내 먹기도 한다.

만약 요리를 할 줄 모른다면 '요리 박스'가 좋은 해결책이 될 수 있다. 식재료와 레시피가 들어 있으며 집이나 수령 장소를 지정해서 받을 수 있다. 이를 통해 요리하는 방법도 배우고 건강한 식사도 만들 수 있다.

홈메이드 저장식품

시중에서 판매되는 저장음식은 보통 금속 통이나 보증금 환급 대상이 아닌 공병에 담겨 있기 때문에 우리 가족은 대체재를 찾아야만 했다. 실제로 우리는 할아버지, 할머니(의 할아버지, 할머니)가 때마다 했던 일을 배웠다. 바로 제철 채소로 직접 저장 음식을 만드는 것이다.

저장 음식을 직접 만들면 여러 가지 장점이 있다.

- 인체에 해롭다고 알려진 내분비계 교란 물질[3]인 비스페놀 A로 내부코팅된 양철통과 같은 독성 용기를 피할 수 있다.
- 채소를 저장식품으로 만들어놓으면 냉장고에 그대로 보관하는 것보다 비타민 손실이 적다.
- 제철이 아닐 때는 찾기 어려운 식재료를 오랫동안 보관할 수 있다.
- 방부제도 첨가물도 들어 있지 않다.
- 재료와 제작 방법을 알기 때문에 소금 함유량이 높은 공산품과 달리 소금물 농도를 조절할 수 있다.
- 향신료 등을 이용해 원하는 대로 채소에 맛을 더할 수 있다.

3 www.lemonde.fr/planete/article/2017/10/04/perturbateurs-endocriniens-le-vote-camouflet-du-parlement-europeen_5196122_3244.html#k4pKGBURAeQAxQxc.99.

채소를 보관하는 방법은 다양하다.

살균은 120℃ 정도로 살아 있는 세균성 박테리아를 파괴하는 열처리 방식이다. 특히 토마토 소스, 파프리카 퓌레 등 미리 조리해두는 소스, 수프, 고기 테린 등에 적합하다. 살균 처리한 음식은 상온에서 오랫동안 보관할 수 있다.

살균 처리만큼 쉬운 것도 없다. 커다란 냄비, 오븐, 물 그리고 잼 통, 통조림 통, 웨크Weck 또는 르파르페LeParfait 밀폐 용기 등의 유리 용기 등 비용이 거의 들지 않는 간단한 도구만 있으면 충분하다. 집에 있는 걸 이용하자.

냉동은 조리하지 않은 껍질 콩, 시금치 등을 보관하기에 이상적인 방법이다. 채소를 데쳐서 표면을 살균해야 한다. 데치는 시간은 채소 종류에 따라 다르다.

작은 팁: 갓 구운 빵과 타르트 반죽은 천 주머니에 넣어 가지고 온 그대로 냉동시킨다.

냉동시키기 전에 너무 익지 않도록 얼음물에 담가 채소를 빨리 식혀야 한다. 밀폐용기 또는 냉동용 유리 용기에 담으면 3개월에서 1년까지 냉동실에 보관할 수 있다.

집에서 직접 저장음식을 만들면 가족, 친구, 이웃끼리 즐거운 시간을 보낼 수 있다. 또한 물물교환도 가능하다. 예를 들어 토마토 퓌레 소스를 만들고 이웃집은 잼을 만드는 식으로. 실력을 발휘해 교환할 거리를 만들고 약속을 잡다보면 이 만남이 계절마다 모이는 행사로 거듭나기도 한다.

백 투 베이직

이와 같은 경험을 통해 우리는 홈메이드 마요네즈, 베샤멜, 토마토소스, 라타투이, 미트볼 만들기 등 요리의 기본을 다시 배웠다. 복잡해 보였지만 반복해서 연습하고 실수를 거듭하다보니 이상적인 레시피를 찾아내 계속해서 잘 활용하고 있다.

하루는 아직까지 대체품을 찾지 못한 제품을 어떻게 하면 좋을지 고민해 본 적도 있다. 완전조리 식품이나 포장 제품으로만 판매하는 파이 반죽과 피자 반죽, 감자튀김 등이 문제였다.

그러다가 마침내 꽤 간단한 대체재를 찾아냈다.

피자 반죽

- 직접 만든다. 솜씨가 조금 좋아야 하며 시간도 어느 정도 필요하다. 10분간 만들고 최소 1시간은 휴지시켜야 한다.
- 터키식 빵이나 동그랗거나 타원형이며 약간 부풀어 오른 모양의 '피타' 빵을 가로로 잘라 두 개로 나눈다. 이 두 개의 피자 반죽에 토마토소스, 채소, 치즈를 원하는 대로 올린다. 오븐에서 150°C로 10여 분간 구우면 식감이 매우 바삭한 피자가 완성된다. 아니면 동네 피자 가게나 빵집에 가서 동그란 피자 반죽을 살 수 있는지 물어본다.

파이 반죽

- 우리는 우리에게 딱 맞는 레시피를 찾아냈다. 시간을 절약하기 위해 양을 4배로 늘려 만든 4개의 동그란 파이 반죽을 천주머니에 넣고 냉동한다. 저녁에 먹으려면 아침에 반죽을 꺼내 냉장실에서 해동한다. 컨디션이 별로 좋지 않으면 빵집에 가서 휴지된 반죽을 살수있는지 물어 볼 수도 있다.

감자튀김

- 우리 집에는 감자튀김기가 없다. 예전에는 냉동 감자튀김을 사다 오븐에 구워 먹었는데 이제는 통이나 냄비를 들고 동네 감자튀김 가게로 간다. 간단하면서도 제일 좋은 방법이다. 하지만 약간 느끼해서 가끔씩만 사먹는다.

고기냐 아니냐 그것이 문제로다!

보통 블로그에서 쓰레기 제로 삶에 대해 이야기하면 내 식습관에 대해 비건, 베지테리엔, 베지텔리언들이 질문을 던진다. 육식을 한다, 하지 않는다는 주제로 인터넷에서 수많은 토론이 벌어지고 있다. 그리고 늘 상반된 의견이 부딪친다.

남편과 나는 '고기, 전분채소, 채소'가 올라간 밥상이 표준인 가정에서 자랐다. 이 주제에 관심을 갖고 스스로 질문을 던지기 시작한 지는 얼마 되지 않았다. 우선 환경적인 이유(육류 생산이 우리 지구에 미치는 영향)도 있지만 고기가 예전만큼 맛있다고 느껴지지 않기 때문이다.

따라서 우리 가족은 점차 육류 소비를 줄였고 현재는 플렉시테리언으로 살고 있다. 우리는 주식으로 과일과 채소를 먹지만 일주일에 서너 번은 식탁에 고기를 올린다. 먹는 양은 여전히 제한적이다(평균적으로 성인 한 명당 100~150g). 그리고 붉은 고기 섭취를 줄이고 가금류로 관심을 돌렸다.

플렉시테리언, 베지테리언, 베지텔리언, 비건은 무슨 차이가 있을까?

이 용어들의 차이를 구별하는 게 항상 쉽지만은 않다!
베지테리언Vegetarian은 육류를 먹지 않는 사람을 지칭한다. 하지만 우유, 치즈, 요구르트 등 유제품, 달걀, 생선 및 해산물은 섭취한다.
베지텔리언Vegetalian은 육류, 생선, 해산물, 유제품, 달걀 또는 꿀처럼 동물에게서 얻는 모든 식품을 거부한다.
비건Vegan으로 살아간다는 건 단순히 식습관에 국한된 것이 아니라 삶 그 자체와 맞닿아 있는 문제다. 비거니즘의 기본은 먹는 것이든 입는 것이든 간에 모든 동물 활용(착취, 괴롭힘, 잔인한 취급)을 거부하는 것이다. 따라서 영양 섭취와 관련된 것이든 삶의 다른 부분과 관련된 것이든 간에 동물을 해쳐서 얻은 모든 제품을 배제한다. 예를 들어 양털로 만든 제품을 입지 않고, 동물 실험을 한 화장품도 사용하지 않는다. 그러므로 비건은 베지텔리언과 동일한 수준으로 채식을 한다.
플렉시테리언Flexitarian은 기본적으로 베지테리언과 같은 수준의 채식을 한다. 하지만 때에 따라 육류, 생선, 기타 동물에게서 얻은 식품을 섭취한다. 플렉시테리언의 목적은 무엇보다 환경적, 윤리적 또는 건강상의 이유로 육류 소비를 줄이는 것에 있다.

FAO(유엔 산하 식량농업기구)의 평가에 따르면 축산 및 모든 관련 생산업계에서 배출하는 온실가스가 지구 전체 온실가스 배출량의 15%를 차지한다. 따라서 고기를 더 이상 소비하지 않는 것이 가장 좋은 방법이다. 우리 가족은 아직 베지테리언이 될 준비가 되지 않았다. 이 논쟁에서는 상대의 목소리에 귀 기울이고 모두의 식탁에서 고기를 없앨 수는 없다는 사실을 받아들여야 한다.

또한 동물 생산 유형에 따라 물 소비량에서 커다란 차이가 생긴다. 쇠고기 1kg을 생산하려면 돼지고기 1kg을 생산하는 것보다 3배 더 많은 양의 물이 소비되며 닭고기 1kg을 생산하는 것보다는 5배 더 많은 물이 필요하다. 동물 생산에 필요한 토지 면적 또한 우리가 어떤 종류의 육류를 소비하느냐에 따라 크게 달라진다. 현재 농업 면적의 거의 3분의 2가 축산에 활용되고 있는 것으로 간주된다.

채식이 육식보다 자원을 훨씬 적게 소비하기 때문에 우리 집 식탁에는 주로 채소가 올라온다.

베지테리언과 베지텔리언, 비건의 수가 점점 더 많아지고 이들을 위한 특별 메뉴를 제공하려고 노력하는 음식점과 구내식당이 늘어나고 있지만 육식이 완전히 사라지려면 아직 멀었다.

육류 섭취 감소는 지구에 엄청난 영향을 미친다. 오염도 줄어들고, 이에 따른 환경, 보건, 재정 비용을 경감할 수 있다. 몇 년 전부터 시행되고 있는 '목요 채식'으로 인해 모두가 일주일에 한

번은 육류 섭취를 하지 않게 됐다.[4] 예를 들어 채식의 날을 통해 한 사람당 물 1,500리터(욕조 12개를 채울 만한 양)와 온실가스 2kg(자동차로 12km를 주파할 때 배출되는 양)을 줄이게 된다.[5]

필수적인 조리도구

부엌에서 시간을 보내면서 우리 가족은 사용하기 쉬우면서도 유용한 조리도구를 몇 개 갖추기로 결정했다. 주로 중고 제품을 구매하거나 친구에게서 받은 덕분에 지출이 심하지 않았다.

세 가지 도구만 있으면 빠르고 쉽게 쓰레기 제로 요리를 할 수 있다. 실제로 요리하는 걸 좋아한다고 해도 요리 때문에 너무 골치 아픈 상황은 피하고 시간을 최소한으로 들이고 싶기 마련이다.

자금이 넉넉하지 않다면 기본적인 기능을 갖춘 오븐과 간단한 블렌더 하나만 있어도 된다. 아래 소개하는 도구를 사용하면 상당히 많은 시간을 절약하고, 단단함 정도가 각기 다른 여러 식재료로 요리를 만들 수 있다.

블렌더

스무디, 부드러운 수프, 스프레드 잼, 타프나드, 간 얼음, 소스,

4 www.evavzw.be.
5 www.jourssansviande.be/compteur.

후무스 등 블렌더로 만들 수 있는 요리는 무궁무진하다. 게다가 우리 집에서 블렌더는 조리대에 자리가 따로 있을 정도로 자주 사용하는 도구다. 우리는 유명 셰프를 포함해 그 누구도 부정할 수 없는 대표 브랜드인 바이타믹스Vitamix 제품을 중고로 구입하기로 결정했다.

장점

- 튼튼함: 바이타믹스 블렌더는 수십 년 동안 사용이 가능해 심지어 아이들에게 물려줄 수 있을 정도다. 보증 기간은 7년이고 수리가 가능하다(그러려면 일단 망가져야겠지만).
- 부품의 품질: 스테인리스 칼날, BPA 프리 플라스틱 볼
- 성능: 회전 속도가 시속 390km에 달하는 2마력 모터를 장착하고 있어 둘이 먹다 하나가 죽어도 모를 맛을 선사한다.
- 관리: 물을 붓고 기계를 작동시켜 헹구기만 하면 깨끗해진다. 따뜻한 물에 주방세제를 조금 풀어 작동해도 된다. 그러면 알아서 세척된다.

그런데 안타깝게도 이 블렌더의 단점은 가격이 비싸(새 제품 기준 500~1,000유로) 중고 제품을 찾기 어렵다는 점이다. 하지만 희망을 버려선 안 된다. 우리 가족은 거의 사용하지 않은 중고 제품을 구하려고 2년이나 기다렸다.

원액기

채소, 과일, 허브 즙내기, 식물성 우유, 아이스크림, 캐비어, 후무스, 반죽 만들기 등 다양한 기능을 제공한다. 작동 방식은 단순하다. 스크루가 끊임없이 저속으로 회전하기 때문에 과열되는 일이 없어 식재료의 영양소와 맛을 파괴하지 않는다. 우리 집은 재즈 맥스Jazz Maz 제품을 사용하고 있다.

장점

- 부품 및 수리 보증 기간 3년, 매우 믿음직함
- 빠른 속도로 분해, 세척, 조립 가능
- 유럽 브랜드
- 다용도, 분쇄 기능으로 유아를 위한 빵과 수프 조리 가능

원액기도 우리가 늘 가까이 두고 사용하는 또 다른 도구다. 가격은 약 350유로로 일반적인 착즙기와 비교하면 매우 비싸게 느껴질 수 있지만 원액기와 착즙기는 맛과 기능 측면에서 비교할 수가 없다. 또한 중고 제품을 찾기가 매우 어렵다. 우리 가족은 지인에게서 구매했다.

성능 좋은 오븐은 쓰레기 제로 요리에 꼭 필요하다. 정확한 온도를 완벽하게 조정할 수 있게 해주기 때문이다. 우리 집은 아주 오랫동안 성능이 좋지 않은 오븐을 사용했다. 요리할 때마다 결과물이 숯처럼 새까맣게 타기 일쑤여서 케이크와 디저트를 더

이상 만들지 않겠다고 결심할 정도였다.

그런데 부엌을 리모델링하면서 열 순환과 로스팅 기능이 있는 오븐으로 바꿨다. 열을 잘 잡아줘 예열 시간이 줄어들었기 때문에 에너지를 더 많이 절약할 수 있게 됐다.

'반낭비' 습관들이기

우리 가족은 소규모 생산자가 사랑으로 키워낸 품질 좋은 제품을 소비한다. 따라서 조금이라도 낭비하는 건 있을 수 없는 일이다. 이렇게 해서 우리 가족은 식단에 실제로 필요한 양만 사도록 유의한다. 그러다 잘못 계산하는 경우에는 '반낭비' 요리를 통해 다른 쓰임새를 찾는다.

반낭비 습관을 시작할 때 중요한 것은 작은 행동을 실천해 낭비를 막는 것이다.

- 실제로 필요한 양만 산다. 쓸데없이 쌓아두지 않는다.
- 개봉한 제품은 통 또는 유리 용기에 넣거나 플라스틱 랩과 알루미늄 호일 대신 쓸 수 있고 친환경적이면서 재사용이 가능한 밀랍 랩으로 잘 밀폐한다.
- 개봉한 제품은 다른 요리에 사용하거나 '냉장고 정리용 요리'를 할 때 넣어서 먹어치운다.
- 유통기한을 관리한다. 유통기한을 주의 깊게 확인하되 맹

알고 있나요? 유럽에서 매년 약 8,800만 톤, 즉 1인당 173kg의 음식물이 버려진다는 사실을?
안타깝게도 벨기에 역시 꼴찌에서 두번 째로 성적이 그리 좋지 않습니다. 평균적으로 국민 1인당 연간 345kg의 음식물을 버리는데, 1인당 연간 쓰레기양이 72kg•밖에 안 되는 슬로베니아와 비교하면 엄청난 양이죠!

• 출처: 브뤼셀 환경 자료

신하지 않는다. 육류, 생선류의 경우에는 유통기한을 칼같이 지켜야 한다. 하지만 요구르트나 면은 유통기한을 너무 깐깐하게 지키지 않아도 된다.

음식을 낭비하지 않으려면 냉장고도 제대로 관리해야 한다. 종이 포장이나 뚜껑 없는 일회용 플라스틱 용기보다 통과 유리 용기를 이용하면 냉장고를 더 깔끔하게 정리할 수 있다. 이렇게 해야 냉장고에 뭐가 남아 있는지 투명하게 알 수 있다.

게다가 각각의 식재료를 알맞은 위치에 보관하도록 유의해야 한다.

- 채소는 채소 칸
- 양념, 잼, 버터 등은 냉장고 문에 있는 선반
- 생선, 육류, 홈메이드 소스 요리, 마요네즈는 가장 온도가 낮은(선반 중 삼각형 표시가 있는) 신선실

- 이 밖에 요구르트, 치즈, 돼지고기 가공제품, 과일, 익힌 채소 등은 일반 칸

이렇게 하면 '뿌리부터 알맹이까지' 다 쓰는 반낭비 요리를 시작할 준비를 모두 갖춘 셈이다.

유통기한은 어떻게 관리하면 좋을까?

벌크로 구매한 식재료에는 유통기한이 명시되어 있지 않다. 시각, 후각, 미각에 의존해 아직 먹을 수 있는지 식별해야 한다. 단, 건조 제품은 거의 안심해도 된다. 유제품, 돼지고기 가공품, 요구르트는 제품이 상한 걸 육안과 후각으로 재빨리 알아차릴 수 있다. 그래도 기본적인 위생 규칙은 지켜야 한다.

당근, 비트, 래디시, 파에는 **줄기 잎**이 있다. 줄기 부분은 쓰레기통에 버리거나 퇴비로 만들면 좋다. 대부분 초록색 줄기를 찌꺼기로 취급하고 버리지만 사실 맛과 영양을 생각하면 요리해 먹을 가치가 충분하다.

- 당근 줄기는 겨울에 수프로 만들어 먹기 좋다. 또한 튀겨 먹거나 타프나드로 만들어 먹기도 한다.
- 비트 줄기는 샐러드에 넣어 먹거나 시금치처럼 요리해서 먹으면 맛있다.
- 래디시 줄기는 페스토로 만들어 먹으면 맛이 기막히다.
- 파는 버릴 게 하나도 없다. 초록 이파리 부분은 키슈, 타르

트, 수프로 만들어 먹고 크림소스로 만들기도 한다.

과일 및 채소 껍질은 엄청난 가치가 있다! 과일이나 채소의 껍질을 벗기면 주요 미량 영양소를 25%나 없애는 셈이다. 유기농 과일이나 채소를 구매하면 껍질을 벗길 필요가 거의 없다. 솔로 문질러서 잘 씻어내면 당근, 오이, 감자와 같은 채소의 섬유질, 산화 방지 성분, 카로틴, 철분, 비타민 등 건강에 좋은 영양소를 그대로 섭취할 수 있다.

그렇지만 비유기농 제품은 껍질을 벗겨야 한다. 예를 들어 대형 마트에서 산 오렌지의 라벨을 읽어보면 껍질은 '비음식물'이라고 명시되어 있다. 그냥 먹기에는 불안한 게 사실이다. 이런 주의사항은 레몬이나 비가공 감귤류 제품에도 붙어 있다.

유기농 제품이라고 할지라도 껍질을 벗겨내고 싶다면 껍질을 다른 용도로 사용해보자. 국물을 내거나 채소 칩을 만들거나

과일과 채소 껍질, 버릴까 말까?

과일과 채소에 묻어 있는 농약은 세척해도 그 양이 감소할 뿐 완전히 제거되지 않는다. 껍질을 벗겨내면 잔류 농약에 노출되는 위험을 줄일 수 있지만, 비타민과 미네랄이 가장 많이 분포해 있는 부분이기 때문에 다량의 영양소도 함께 버리는 셈이다. 잔류 농약을 보다 효과적으로 세척하려면 헹굼물에 탄산수소나트륨을 넣고 세척 솔로 문질러 씻으면 된다.

미국 환경단체 EWG에 따르면 음식을 다양하게 섭취하고, 모든 식재료를 잘 씻어 먹고, 가능한 한 유기농 식품을 구매하는 것이 가장 좋은 방법이다.

암탉 입양하기

정원에서 암탉을 키우면 식재료 껍질과 잔반을 버리지 않아도 된다. 그럴 공간이 된다면 말이다.

갈색종이든 붉은색종이든 흰색종이든 간에 암탉은 웬만한 건 다 먹어치워 연간 150kg의 유기물 쓰레기를 줄여준다. 게다가 뭐니뭐니해도 암탉을 키울 때 최고 장점은 신선한 달걀을 얻을 수 있다는 것이다.

수프를 만들어 먹을 수도 있다…….

남은 **빵**을 먹어서 처리할 필요는 없다. 빵이 너무 딱딱해졌다면 다른 방법으로 소비하면 된다.

- 작은 주사위 모양으로 자른 다음 올리브유에 프로방스 허브를 곁들여 크루통으로 만든다.
- 믹서기에 갈아서 수제 빵가루로 만든다.
- 브레드 푸딩으로 만든다.
- 겨울철에는 비계를 섞어 새모이로 준다.

알고 있나요? 항상 신선한 빵을 먹고 싶다면 천 주머니에 빵을 넣어 냉동실에 보관했다가 먹기 전에 필요한 만큼만 꺼내 먹으면 된다는 사실을?

닭의 잡뼈는 어떻게 이용할까? 냄비에 넣고 끓여 닭 육수를 만들 수 있다. 여기에 당근을 작게 깍둑썰기한 당근, 채썬 파, 다진 양파, 가루 육수를 넣고 숏파스타를 곁들이면 인스턴트 수프 뺨치는, 영양소 가득한 보양식 수프가 완성된다!

멋진 점심 도시락

건강한 식사를 하는 건 무엇보다 중요한 일이기 때문에 자연스럽게 집에서 만든 맛있는 도시락을 점심으로 먹기 시작했다. 샌드위치, 수프, 샐러드를 통과 스테인리스 보온병에 담아서 가지고 다닌다.

예를 들어 우리는 전날 먹고 남은 음식으로 점심 도시락을 싼다. 다른 재료를 더하거나 드레싱을 바꾸기도 한다. 미처 점심 식사를 준비할 시간이 없으면 동네 정육점 또는 치즈 가게에서 산 샐러드나 샌드위치를 천 주머니나 통에 담아서 가져간다.

현재 브뤼셀에 위치한 일부 식당이나 배달 음식점에서는 스테인리스 '티핀Tiffin' 도시락통을 판매한다. 가격은 20유로인데, 도시락통을 구매하면 그 안에 점심 식사를 넣어준다. 소풍 갈 때 가져가거나, 간편한 식사를 넣어 다닐 수도 있고, 남은 음식을 보관할 때 사용할 수도 있다.

간단한 용품만 있으면 쉽게 쓰레기 제로 점심을 먹을 수 있다. 몇 가지 아이디어를 소개해 보겠다.

- 스테인리스 물병: 직장에서 물을 담아 마신다.
- 스테인리스 보온병: 집에서 만든 수프나 출근길에 가게에 들러 산 수프를 담는다.
- 차 텀블러: 하루 종일 맛있는 차를 마실 수 있다.
- 샌드위치 통(스테인리스나 BPA 프리 플라스틱 제품), 샌드위치 주머니(보큰롤Boc'n'Roll 제품), 비래피(밀랍으로 만든 포장재—5장 〈직접 만들어 보는 쓰레기 제로 라이프〉에 나온 튜토리얼 참조): 이 제품들은 재사용이 가능하며 알루미늄 호일이나

플라스틱 랩을 완벽하게 대체해준다.
- 타파웨어 제품: 샐러드나 전날 먹고 남은 음식을 보관한다.
- 다층 도시락통: 하루 종일 먹을 식사와 간식을 넣어서 가지고 다닐 수 있다.
- 작은 유리병: 벌크로 구매하거나 병 보증금을 지불한 대형 유리 용기에 들어 있는 요거트를 옮겨 담는다.
- 간식 통: 배고플 때 먹을 과일, 채소 또는 호두를 넣어서 가지고 다닌다.

적어놓고 보니 많은 것 같지만 모두 있어야 하는 건 아니다.

먹는 샘물과 수돗물

수돗물을 마셔도 되는 걸까, 아니면 페트병에 담아서 파는 식수를 마셔야 하는 걸까? 많은 질문을 낳는 딜레마다. 일반적으로 얻을 수 있는 정보들이 제각각 다른 데다 경제적 이해관계가 얽혀있는 로비 활동으로 정보가 편향되다보니 둘 중 하나를 선택하기가 더욱 어렵다…….

수돗물은 아마 가장 엄격하게 통제되는 물일 것이다(벨기에의 경우 기준이 55가지 넘는다). 우리

수돗물을 마시면 먹는 샘물에 비해 40배에서 200배는 저렴하기 때문에 가격 측면에서 상당한 금액을 절약할 수 있으며 쓰레기 또한 눈에 띄게 줄일 수 있다.

가 마시는 물은 대부분 지하수로, 처리 과정을 거의 또는 아예 거치지 않아도 된다. 그 밖에, 표층수는 철저한 무독성 처리 과정을 거쳐 식수가 된다.

이렇게 해서 만들어진 고품질 식수는 사는 지역 즉 지하수와 표 층수의 혼합된 정도에 따라 맛이 달라진다. 염소 냄새가 심하게 난다거나 칼슘 맛이 나는 등 물맛이 마음에 들지 않는 경우에는 여러 가지 방법을 이용해 물맛을 없앨 수 있다.

- 유리 카라프: 수돗물을 넣고 1~2시간 그대로 둔다. 염소는 휘발성 물질이기 때문에 공기 중으로 사라진다.
- 필터가 내장된 카라프: 염소와 드물게 함유된 납을 걸러낸다. 염소는 공기에 노출시키면 그대로 날아가기도 한다. 필터 카트리지는 대개 박테리아 서식지가 되기 십상이며(이 경우 물은 마시면 안 된다) 결국 쓰레기가 된다.
- 비장탄 같은 활성 숯 조각은 자연적이고 친환경적인 해결책으로, 수돗물을 정화하고 무기물을 풍부하게 만들어준다. 즉 물에 칼슘, 마그네슘, 칼륨, 철분이 녹아 든다.
- 세라믹 구슬EM에는 미생물이 풍부해 자연적으로 물을 정화해준다.
- 과일을 넣어두면 물에 향을 더할 수 있다. 예를 들어 레몬 슬라이스로 만든 레몬 물은 항산화제가 풍부하고 건강에도 좋다.

수돗물은 건강에 어떤 영향을 미칠까?

수돗물은 왜 건강에 안 좋을까? 수돗물에 석회, 질산염, 염소, 농약이 들어 있기 때문일까?

실제로 수돗물에는 위에 언급한 성분들이 포함되어 있다. 일부는 위험하지 않지만, 지켜봐야 하는 성분도 있다. 그러나 염소를 제외하고는 먹는 샘물도 마찬가지다.

따라서 보건 당국은 제품에 농약을 과도하게 사용하지 못하도록 막고, 함부로 폐수를 흘려보내지 못하도록 감독하며, 자연을 존중하는 제품을 선택하도록 사전에 신경 써야 한다.

수돗물은 사 먹는 샘물에 비해 40배에서 200배는 저렴하기 때문에 비용을 상당히 절약할 수 있으며 쓰레기 또한 눈에 띄게 줄일 수 있다.

아직까지 **먹는 샘물**을 고집하는 사람이 많다. 수원이 어디든 광천수든 식탁용 생수든, 맛있고 건강에 좋다고 알려져서든, 더 안전하다고 생각해서든 간에 먹는 샘물이라고 하면 굉장히 긍정적인 이미지를 갖고 있다.

하지만 포장 용기를 생산하고, 담고, 운반하는 데 필요한 자원뿐만 아니라 생성되는 쓰레기양(가정당 약 1.5L 병 200개)을 생각하면 환경에 미치는 영향과 에너지 소비량이 어마어마하다.

아직까지 수돗물을 마시기로 결정하지 못했더라도 수원지가 벨기에에 위치하고, 보증금 반환 대상 유리병에 담긴 물을 구매해 이 영향을 줄여야 한다. 일반적으로 생각하는 것과 달리 유리

알고 있나요? 플라스틱 병에 담긴 먹는 샘물 1리터를 만들기 위해 석유 250ml가 필요하다는 사실을?

병은 재활용 페트병보다 탄소 발자국이 더 적다. 실제로 페트병은 단 한 번밖에 재활용되지 않지만 유리는 60번까지 재사용이 가능해 여러 번 다시 태어난다.

차 한 잔으로 즐기는 안락함

우리 가족은 집 근처에 위치한 작은 도시정원에서 공동 텃밭을 가꾼다. 따라서 방향 식물을 심기로 결정한 건 아주 자연스러운 일이었다. 사랑으로 씨를 뿌리고 방금 수확한 신선한 식물로 요리를 할 수 있다니 얼마나 행복한 일인지!

얼마 전 또 다른 소소한 행복을 찾아냈다. 바로 직접 허브차를 만드는 것이다. 열렬한 차 예찬자인 나는 조금씩 허브차 쪽으로 관심을 갖게 됐고 직접 허브티를 만들면서 도시의 허브 전문가가 된 느낌이었다.

나는 식물에 대해 아는 것이 많지 않았기 때문에 '단순한' 맛, 잘 아는 허브에 만족했다.

카리브스투유 제로 가장인 남편이 농학 전문가에다 식물을 연구하며 시간을 보내는 걸 좋아하는 사람이어서 정말 다행이었다. 직접 키운 식물로 만든 따뜻한 차 한 잔을 마시며 위로받을 수 있다니, 행복 그 자체다. 따라서 늦여름이면 우리 집 정원이나 텃밭에서 또는 산책하다가 방향 식물을 따는 게 하나의 의식으로 자리 잡았다.

> 또한 다른 지역이나 외국으로 여행을 떠나 차에 대한 견문을 넓힐 수도 있다.

방향 식물을 우려 허브티를 만드는 방법에는 여러 가지가 있다.

- 우리기: 끓는 물에 방향 식물을 넣기만 하면 된다. 불을 끄고 뚜껑을 덮어둔다. 식물에 따라 다르지만 평균적으로 10여 분 정도만 기다리면 허브차가 완성된다.
- 달이기 또는 허브와 물을 함께 끓이기: 보통 과일, 껍질, 뿌리, 줄기로 차를 만들 때 사용하는 방법이다. 같은 방식으로 와인을 넣고 끓이면 크리스마스 그로그가 만들어진다.
- 담그기: 방향 식물을 찬물에 담근다. 모든 방향 식물에 적합한 방법은 아니다.

다음 표에 내가 허브차로 즐겨 마시는 방향 식물 몇가지를 소개해 놨다. 단독으로 마시거나 여러 종류를 섞어 마시면 다양한 맛의 향연을 느낄 수 있다.

나는 허브를 건조하는 방법에 대해 머리 아프게 고민하지 않는다. 건조하고 빛이 닿지 않는 장소에 잘 펼쳐놓고 그대로 자연 바람에 말린다. 접시 위에 놓거나 철로 된 통에 넣고 뚜껑을 열

방향 식물	효능
카시스 베리	관절통, 류머티즘, 관절염, 골관절염, 통풍을 완화시켜준다. 항스트레스 효과가 있다. 혈압을 낮추고 혈행을 조절해 혈액순환을 원활하게 해준다.
라벤더	불안과 신경과민을 진정시키는 효과가 있다. 기도(독감과 인후염)에 좋다.
마조람	살균제이면서 진경제 작용을 한다. 불면증과 신경과민 치료에 매우 효과적이다. 류머티스성 통증, 사경증 통증, 좌골신경통을 완화시켜준다.
레몬밤(또는 레몬 그래스)	신경계를 튼튼하게 만들어준다. 두통 및 생리통을 완화시켜준다. 신경과민 치료에 매우 효과적이다. 역류성식도염을 앓고 있는 경우 섭취를 피해야 한다.
민트	청량감을 주고 활력을 불어넣어주며 항산화 효과가 있다. 소화를 촉진시켜주고 혈액순환을 원활하게 해준다. 복부 팽만을 해소하고 구역질을 가라앉혀준다. 자기 전에는 섭취를 피해야 한다.
오레가노 (또는 마조람)	살균제이면서 감기와 독감 치료에 효과가 좋다. 소화를 촉진한다.
로즈메리	수면을 유도하고 스트레스 완화에 좋다. 이뇨 작용을 돕고 간 기능을 향상시키며 뇌에 산소를 빠르게 공급해 머리를 맑게 해준다. 숙취 해소에 도움을 주며 아침에 커피 대신 마시기 좋다.
세이보리	소화를 돕고 복부 팽만, 복통, 설사와 같은 위장 통증을 완화시켜주고 식욕을 돋운다. 기침과 같은 기관지 질환 치료에 효과적이다.
샐비어	소화를 돕고(위 통증과 간 통증 완화에 효과가 있다) 피로 회복, 기관지염, 천식에 효과적이다.
타임	강장제이며, 항감염제이자 진경제 작용을 한다. 가래를 제거해주는 효과가 있어 감기 치료에 좋다.

어둔다. 완전히 마를 때까지 일정한 간격마다 뒤집어 바람이 통하게 해 썩지 않도록 관리한다. 가장 좋은 방법은 다발로 만들어 뒤집어서 건조시키거나 직접 만들거나 구매한 허브차 건조대 선반에 말리는 것이다.

적정 섭취량은, 한 잔 당 한 작은술, 하루에 네 잔 이하다. 일부 허브의 경우 약효가 매우 강력하기 때문이다. 또한 전문서적을 찾아보거나 허브 전문가에게 자문하는 것을 권장한다.

직접 수확할 마음이 들지 않거나 좀 더 다양한 허브를 맛보고 싶다면 건조된 식물을 벌크로 구매할 수 있는 근사한 허브 전문점이나 차 판매점도 있다. 아니면 다른 지역이나 외국으로 여행가서 차에 대한 견문을 넓힐 수도 있다.

커피가 좀 지나친데!

커피가 우리 일상의 커다란 위안이 된 지는 아주 오래됐다. 리스트레토든 롱고든 디카페인이든 간에 많은 벨기에 사람이 습관적으로 커피를 마신다. 아침에 출근하기 전 힘을 내기 위해, 친구들끼리 만나서, 식사를 기분 좋게 마무리하기 위해서. 물 다음으로 전 세계에서 가장 많이 마시는 음료가 바로 커피다.

몇 년 전부터 인스턴트 커피 머신이 선풍적인 인기를 끌고 있다. 안타깝게도 마트에서 판매하는 커피의 약 50%를 차지하는 캡슐과 파드는 환경적 측면에서 어마어마한 낭비이며 소비자의 지갑 사정도 악화시킨다. 패키지 형태로 포장된 예전 커피 보다 캡슐(또는 파드) 커피가 6~8배 더 비싸기 때문이다.

앞서 언급한 이유들 때문에라도 커피 머신을 멀리하고 이탈리아식 모카 포트, 프렌치 프레스, 필터 커피메이커를 이용하는 게 더 낫다.

커피머신 뿐만 아니라 커피도 잘 따져봐야 한다. 맛뿐만 아니라 원산지와 생산 조건을 고려해 좋은 커피를 선택하는 게 중요

알고 있나요? 매년 전세계적으로 팔리는 커피파드 및 캡슐은 80억 개에 달하지만 재활용되는 건 5개 중 1개 뿐이라는 사실을?•

• www.notre-planete.info/actualites/4209-capsules-cafe-dechets.

하다. 최고의 선택은 페어 트레이드 또는 옥스팜과 같은 유기농 공정무역 커피를 구입하는 것이다. 가루 커피나 원두는 유기농 식료품점, 쓰레기 제로 매장 또는 커피 로스팅 매장에서 쉽게 구할 수 있다.

또한 미국에서처럼 '출근길'에 커피를 마시는 게 점점 더 유행하고 있다. 이런 경우 재사용 가능한 텀블러를 잊지 말고 챙겨가면 때때로 할인 혜택을 받을 수도 있다. 지구를 생각해줘서 고맙다는 작은 성의 표시다!

팁

- 커피의 효능과 항산화 효과를 보고 싶다면 우유 없이 블랙커피를 마시자. 물론 설탕도 넣지 말아야 한다.
- 커피 찌꺼기는 쓸모가 많다. 각질제거 크림으로도 유용하고, 머리카락에 윤기를 더해주며, 마스크 팩으로 사용할 수도 있다.

안전하게 정성껏 청소하기

우리 가족이 수년 동안 '하얀 옷을 더 하얗게 만들어줍니다'라든가 '솔카를루스 덕분에 바닥이 다시 반질반질해졌어요'라는 광고문구를 믿고 살았다니, 어처구니가 없다. 쓰레기 제로 삶을 추구하면서부터 대기업의 광고문구가 소비자의 선택에 지대한 영향을 미친다는 걸 깨닫고 있다.

일반 청소용품에 함유된 화학물질은 알레르기, 암, 돌연변이

를 유발하고 건강에 심각한 영향을 미친다는 의혹이 있다. 오븐, 유리창, 변기 세정제, 락스 등의 제품에 들어 있는 일부 물질은 독성이 특히 더 강하다. 이 와중에 기업들은 '그린워싱'을 위해 대규모 마케팅 전략을 펼쳐 소비자들을 정신 못 차리게 만든다.

그래도 친환경적이고 저렴한 방법으로 청소하고 빨래할 수 있다는 사실을 깨닫는 사람이 점점 많아지고 있어 천만 다행이다.

시간이 허락하고 관심이 있다면 청소 용품을 벌크로 구매해 보는 것도 나쁘지 않다. 돈은 더 들겠지만 직접 만드는 수고를 하지 않아도 된다. 아니면 직접 제품을 만들어 쓰는 방법도 있다. 석사 학위가 없어도 효과 만점의 다용도 세정제를 비교적 쉽게 만들 수 있다.

식초, 마르세유 비누, 레몬, 탄산수소나트륨과 같은 기본 재료만으로도 눈부시게 빛나는 결과물을 만들 수 있다. 굳이 마법사 망토를 두를 필요도 없다.

백식초(또는 알코올 식초나 청소용 식초)

원액 그대로 쓰거나 희석해서 사용하는 백식초는 물때 제거 외에도 다양하게 활용할 수 있다. 세탁실, 부엌, 욕실 등 집 안 곳곳을 청소하기에 아주 유용한 제품이다. 가격도 공짜나 다름없으며 아래 제시한 제품들과 마찬가지로 완전히 자연분해된다.

백식초의 용도는 다음과 같다.

- 물때 제거, 소독, 광내기
- 기름기 제거, 탈취
- 소독제, 항기생충제, 항진균제 작용
- 설거지 헹굼물
- 섬유 유연제
- 유리창 또는 거울 광내기
- 잡초 제거제

산-염기 반응이 일어날 수도 있으니 청석이나 기타 석회질 자재에는 식초를 사용하지 않도록 주의해야 한다.

탄산수소나트륨(베이킹소다)

탄산수소나트륨은 정말 다양한 용도로 사용되는 팔방미인이다.

- 요리: 효모 대용으로 비스킷 반죽을 부풀릴 때나 채소 색깔을 선명하게 만들 때 사용한다. 요리할 때나 화장품을 만들 때는 베이킹소다를 사용하는 게 더 낫다. 그러나 너무 많이 넣으면 짠맛이 난다.
- 세척:
  - 세탁 시 표백제나 탈취제 작용을 한다.
  - 소독제로 사용되며 화장실 청소에도 쓰인다.

- 더러운 식기나 냄비 바닥을 닦을 때 사용한다.

- 욕실 청소에 사용하거나 탁월한 미백 효과가 있어 홈메이드 치약 재료로 쓰이고, 탈취제 작용을 하며, 냄새를 중화시켜 주기 때문에 향기롭다고 할 수 없는 발을 씻을 때도 효과적이다.

마르세유 비누

마르세유 비누는 그대로 써도 되지만 희석해서 빨래를 하거나 물체의 표면을 닦을 때 사용한다. 장롱에 넣으면 효과 좋은 좀약이 된다. 또한 샤워할 때나 손을 씻을 때도 사용한다. 홈메이드 치약에 첨가하면 거품이 잘 나지만 삼키지 않도록 주의해야 한다.

구연산

구연산은 식물성 산으로 항산화제, 중화제, 방부제, 산성 제제로 쓰인다. 석회질 침전 방지제로 작용해 물때를 제거하고, 세척을 하며, 백태를 없앤다.

- 녹을 마법처럼 없애준다!
- 테라스나 정원 벽의 표면에 생성된 이끼를 제거해준다.

진짜 마르세유 비누

여길 봐도 마르세유 비누, 저길 봐도 마르세유 비누다. 마르세유 비누는 명칭 표시 통제를 받지 않는다. '마르세유 비누'로 불리는 법적 기준은 단 한 가지다. 냄비에 끓여 글리세린 추출 과정을 통해 제작되어야 한다.
그렇다면 어떻게 인정받을 수 있을까? 몇 가지 팁이 있다.

- 입방체 모양이어야 하고 면마다 마크가 새겨져 있어야 한다. 재료는 소다와 식물성 오일 단 두 가지다. 원조 레시피에는 올리브유만 사용하지만 오늘날에는 코프 라유나 팜유도 첨가된다.
- 방부제도, 염료도, 향료도 들어가지 않는다.
- 연한 초록색이나 갈색을 띤다.

유명한 브랜드로는 알레피아Alepia, 페르 아 슈발Fer à Cheval, 마리위스 파브르Marius Fabre, 사보느리 뒤 미디la Savonnerie du Midi(라 코르베트la Corvette 비누 제작업체), 르 세라유Le Sérail, 람팔 라투르Rampal Latour 등이 있다. 밝은 갈색 비누보다는 팜유 대신 올리브유가 들어간 초록색 비누를 추천한다. 자연을 위해서도, 오랑우탄을 위해서도 더 나은 선택이다.

과탄산소다

물에 녹는 고체인 과탄산소다에는 염소도 인산염도 들어 있지 않다. 이 가루는 세탁 시 표백제 또는 얼룩 제거제로 쓰인다. 탄산나트륨이 들어 있어 얼룩제거 작용을 더욱 활성화시키기 때문이다. 40°C도 괜찮지만 60°C에서 사용하면 더욱 효과가 좋다. 차, 와인, 초콜릿, 주스 등 유기물 얼룩을 깨끗하게 없애준다.

탄산나트륨

탄산나트륨은 표면의 기름때를 제거하는 데 아주 효과적이어서 설거지나 빨래할 때 사용한다. 백묵과 소금 성분이 들어 있어 완전히 친환경적이다. 또한 후드, 쓰레기통, 오븐 문, 화장실, 냉장고 배관 등 지저분한 표면을 깨끗하게 만들어 준다. 물을 연수로 만드는 작용을 하기 때문에 세탁세제, 주방 세제 등 일반 세정제의 효과를 끌어 올려준다.

탄산나트륨(무수탄산나트륨Na_2CO_3)은 중탄산염보다 더 주의해서 다뤄야 하며 가성소다(수산화나트륨NaOH)와 섞이면 극도로 위험하고 부식작용이 일어난다.

탄산나트륨을 다루는 방법

- 탄산나트륨은 무기화학 물질로 순수한 상태에서는 위험할 수 있다. 따라서 조심히 다루고 아이들의 손이 닿지 않는 곳에 보관해야 한다.
- 탄산나트륨을 사용할 때는 장갑을 끼는 것을 권장한다. 피부 염증을 유발할 수 있기 때문이다.
- 준비할 때 지켜야 하는 순서가 있다. 먼저 물, 중탄산염, 가성소다 등 주재료를 넣은 뒤 식초, 구연산과 같은 산을 추가한다. 예를 들어 중탄산염(주재료)을 넣은 다음 식초(산)을 넣어야 혼합물이 분출되는 걸 막을 수 있다.

팁

탄산나트륨은 차가운 물이 아니라 미지근한 물에서 더 쉽게 녹는다.

그 외 효과가 끝내주는 제품

- 피에르 다르질Pierre d'argile: 점토, 기름, 비누로 만든 다용도 세척제로 물청소가 가능한 딱딱한 표면을 깨끗하게 하고, 실리콘 접합부와 가구를 닦는 데 쓰인다. 찬물에 사용하면 효과가 좋다.
- 검은 액체 비누: 바닥 청소, 그릇 기름때 제거, 유리창 청소뿐만 아니라 정원의 진딧물 제거에도 효과적이다.
- 몬모릴로나이트: 가루 얼룩 제거제로 깊이 밴 기름 얼룩을 없애준다.
- 담즙 비누: 얼룩 제거에 탁월하다. 와인, 피, 붉은 과일, 허브, 풀 등 그 어떤 얼룩도 버텨내지 못한다!
- 뫼동 백토(또는 탄산칼슘): 광택을 내고, 기름때를 제거하는 데 쓰이며 연마제로도 사용된다. 반죽으로 만들어 문질러 닦는다.

꼭 필요한 도구

집 청소에 몇 가지 도구밖에 사용할 수 없다면, 다음 도구를 골라야 한다.

- 극세사 천: 재사용이 가능하며 여러 가지 용도로 사용할 수 있다.
- 천 수세미(자투리 천 또는 베틀로 만든 설거지 도구): 천이나 뜨개질로 만들며 작업대를 닦는 등 보통 청소할 때 자주 사용한다.
- 식물 수세미: 수세미 오이라고도 불리며 박과 식물을 말려서 만든 쓰레기 제로 스펀지다. 설거지할 때, 몸 닦을 때, 이런저런 지저분한 걸 제거할 때 사용한다.
- 나무 설거지 솔: 더러운 그릇을 닦을 때 사용한다.
- 철 수세미: 음식물이 들러붙은 냄비를 닦을 때 사용한다.
- 행주 또는 천 조각: 키친타월 대신 사용한다.

5 천연 제품으로 피부 가꾸기

우리가 일상적으로 사용하는 화장품 및 위생용품에는 파라벤, 프탈레이트, 글리콜, 트리클로산 등 많은 화학물질이 들어 있다. 인체에 유해한 내분비계 교란물질임에도 불구하고 말이다.

세계보건기구WHO는 화학물질을 인류와 자연에 대한 위협으로 규정한다.

화학물질은 최근 수십 년 동안 불임, 암, 당뇨 등의 질병 발생

위험을 증가시킨 주범이기도 하다. 그러나 안타깝게도 화장품 산업은 저렴하고, 안정성이 뛰어나며, 다루기 쉬운 화학물질을 뺄 생각이 없는 데다 화장품 업계 로비 단체들이 행사하는 영향력도 막강하다. 물론 규제가 존재하긴 한다. 그러나 화학물질의 사용을 전면적으로 금지하기보다는 제품 내 화학물질의 농도를 제한하는 내용을 담고 있다. 국가마다 규제 내용이 서로 다르기 때문에 제품의 원산지를 주의해서 확인해야만 한다.

사람들이 매일 아침 몸에 바르는 화학물질 수는 평균적으로 8~10가지에 달한다.

세계보건기구는 여러 화학물질이 동시에 작용했을 때 나타나는 칵테일 효과가 훨씬 더 위험하다고 경고한다. 그런데 사람들이 매일 아침 몸에 바르는 화학물질 수는 평균적으로 8~10가지에 달한다.

1998년 이후 향수를 제외한 모든 화장품은 국제화장품성분명칭INCI에 따라 제품의 전 성분을 기재해야만 한다. 하지만 소비자로서는 국제화장품성분이 있다고 하더라도 화학 박사 학위 소지자가 아닌 이상 읽기도 어렵고 이해도 되지 않는 성분 목록에서 위험 물질을 찾아내기란 거의 불가능하다. 흔히 약국 브랜드나 비싸고 유명한 브랜드의 화장품이라면 화학물질이 들어있지 않아 안전하다고 생각하지만 유해 화학물질의 위협에서 결코 자유로울 수는 없다.

이런 현실에 맞서 점점 더 많은 사람이 건강한 성분으로 만

슬로 코스메틱이 뭘까?

2012년 '슬로 코스메틱Slow Cosmetic' 운동이 탄생했다. 이 운동은 현명하고, 합리적이고, 친환경적이면서, 인간적이고 또한 윤리적인 화장품 사용에 대한 관심을 촉구한다. 이 운동을 통해 화장품 용기 분리배출 방법을 배우고, 성분표 읽는 방법을 익히면 화장품 산업의 허위광고와 그린워싱Greenwashing에 속지 않을 수 있다. 또한 미용에 좋은 제품을 가려내고, 신뢰할 수 있는 라벨이 무엇인지 구분할 수 있게 된다.
www.slow-cosmetique.com에서 더 많은 정보를 확인할 수 있다.

든 화장품, 화학물질을 배제해 인체에 자극적이지 않으면서도 환경을 파괴하지 않는 대체재에 관심을 기울이고 있다. 자연적으로 피부를 가꾸는 방법은 아주 다양하다. 신뢰할 수 있는 인증 라벨을 받은 제품을 사용하거나, 천연 화장품을 직접 만들어 쓰거나, 식물성 오일, 점토, 알로에 베라, 물과 같은 천연 재료를 바르기만 해도 충분하다.

아로마테라피

아로마 테라피란 식물에서 추출한 정유인 '에센셜 오일'을 이용해 몸과 마음을 건강하게 만드는 치료요법이다. 식물의 모든 부분을 사용하는 식물요법과는 엄연히 다르다. 에센셜 오일은 약용효과로도 유명하며, 사용방법에 따라 우리의 아름다움과 건강을 지켜준다. 가끔 요리에도 사용되지만 아주 소량만 사용해야 한다.

에센셜 오일, 식물성 오일, 하이드롤라는 어떤 차이가 있을까?

식물성 오일, 에센셜 오일, 하이드롤라의 차이점을 이해하는 것은 보통 어려운 일이 아니다. 간단한 설명과 사용법을 통해 각각의 특성을 알아보자.

식물성 오일은 해바라기, 아마, 올리브, 아몬드, 아보카도 등 꽃씨, 견과류, 지방 함량이 높은 과일 또는 유지 식물에서 추출한다. 추출 방법은 냉각 압축법과 침출법 두 가지가 있다. 로즈힙, 아르니카, 카렌듈라와 같은 꽃을 올리브 오일이나 해바라기 오일과 같은 식물성 버진 오일에 우려낸 경우에는 '침출유'라고 부르기도 한다.

식물성 오일의 특성

- 피부를 보호하고, 영양 및 수분을 공급한다. 피부에 그대로 바를 수 있다. 피부에 천천히 흡수되도록 기다려야 한다.
- 피부에 지방산 및 비타민을 공급한다. 아마 오일 및 로즈힙 오일과 같은 일부 오일은 오메가 3가 아주 풍부하다.
- 화장을 지우거나 마사지할 때 사용할 수 있다.
- 유명 브랜드에서 판매하는 대부분의 제품보다 더 저렴하고 효과도 뛰어나다.
- 피부 보호막 역할을 하는 천연 수분지질막을 지켜준다.

1
2
3

각자 피부 유형과 사용 목적에 따라 식물성 오일을 골라야 한다. 하지만 반대로, 다양한 용도로 사용가능한 '만능' 식물성 오일도 있다.

하이드롤라 또는 플로럴 워터는 수증기를 이용해 에센셜 오일을 증류하여 추출하는 과정에서 생성되는 식물성 증류수로, 미량의 에센셜 오일 성분을 포함하고 있다. 증류기에 열을 가한 후 냉각시키면 에센셜 오일과 증류 잔여물, 즉 에센셜 오일이 녹아 있는 용액이 나온다. 식물의 방향 분자가 가득한 이 용액을 하이드롤라 또는 플로럴 워터라고 부른다. 예를 들어 동일한 방법으로 비터오렌지꽃에서 네롤리 에센셜 오일과 오렌지꽃 하이드롤라를 얻을 수 있다.

에센셜 오일은 수증기 증류법을 이용해 향료식물에서 추출한 식물 농축액이다. 이름 때문에 헷갈릴 수 있지만 에센셜 오일은 기름이 아니라 방향 분자가 포함된 식물 정유다. 정신과 신체 건강에 아주 강력한 효과를 발휘한다.

에센셜 오일의 경우 속명이 동일해도 화학적 조성이 천차만별

에센셜 오일 사용 시 주의사항

에센셜 오일은 위험하지 않은 것처럼 보이지만 강력한 효과를 발휘한다. 따라서 조절하면서 조심해서 사용해야 한다. 일부 에센셜 오일은 피부 자극이나 피부 염증을 유발할 수 있다. 또한 어린아이와 임산부가 사용하기에 부적절한 경우도 있으니 사용하기 전에 충분히 알아보고 권장 용량을 철저하게 지켜야 한다.

스위트 아몬드	강장제와 진정제 효과가 있으며, 영양이 풍부하고 피부를 부드럽게 가꿔준다. 클렌징 오일로 사용하기 좋으며, 건조한 모발에 영양을 공급한다. 중성, 트러블성, 민감성, 건성, 노화 피부 등 다양한 피부 유형에 적합하다.
금잔화	진정, 항염, 항산화, 항알러지 효과가 있다. 튼 살이나 거친 피부를 개선해주고 가려움증을 완화시켜준다. 아이와 어린이 피부 관리에 제격이다. 중성, 트러블성, 민감성, 연약한 피부에 사용하면 좋다.
코코넛	피부에 수분을 공급해주고 건조하고 민감한 부분을 부드럽게 만들어준다. 마사지로 죽은 세포를 제거해준다. 모발을 보호하고, 강화해주며, 윤기 있게 만들어준다. 트러블성, 민감성, 건성 또는 연약한 피부에 사용하면 좋다.
호호바	주름 방지, 영양 공급, 치유, 수분 공급, 피부 연화 효과가 있다. 피지 과다와 비듬이 발생하는 것을 막아준다. 여드름성, 지성, 중성 또는 예민성 피부에 사용하면 좋다.
살구씨	피부를 부드럽게 유지시켜준다. 피부에 탄력과 생기를 주고, 피부 톤을 밝게 해주며 탈모를 예방한다. 피곤하고, 푸석푸석하고, 민감하고, 예민하고, 칙칙한 피부를 생기 있게 만들어준다.
올리브	비타민이 풍부하며 피부를 부드럽게 만들어준다. 마사지하면 긴장된 근육을 풀어주고 피부에 탄력을 준다. 매서운 추위로부터 피부를 보호하고 주름을 개선한다. 건조하고 약한 모발과 손상된 손톱을 강화하는 데 효과가 좋다. 노화, 건성, 예민성, 중성, 여드름성 피부에 사용한다. 요리에도 흔히 사용된다.
로즈힙	오메가 3가 풍부하다. 주름 개선 효과가 있으며 영양이 풍부하고 흉터 자국을 없애준다. 노화를 방지하고 일광화상을 진정시킨다. 리프팅 효과가 있으며 피부 재생을 촉진시킨다. 모든 피부 유형에 잘 맞는다.

알고 있나요?

- 1L의 노블 캐모마일 에센셜 오일을 얻기 위해 꽃 500kg
- 1L의 트루 라벤더 에센셜 오일을 얻기 위해 꽃 선단부 175kg
- 1L의 네롤리 에센셜 오일을 얻기 위해 오렌지 꽃 1톤

이 필요하다는 사실을?

일 수 있다. 각각의 식물 종이 서로 다른 약효를 가지고 있기 때문에 혼동하지 않도록 라틴어로 된 학명을 알고 있는 것이 좋다.

예시

- '유칼립투스' 계열에는 유칼립투스 글로불루스, 유칼립투스 라디아타, 레몬 유칼립투스, 멘톨 유칼립투스가 있다.
- '라벤더' 계열에는 스파이크 라벤더, 트루 라벤더, 잡종 라벤더, 프렌치 라벤더가 있다.

종마다 효능이 다 다르다.

우리 집 만능 구급 파우치

에센셜 오일 단 몇 종류만 있으면 일상에서 발생하는 자잘한 질병 대부분을 집에서 치료할 수 있다.

에센셜 오일은 피부에 바르거나, 코로 들이마시거나, 입으로 복용하거나, 좌약을 이용해 직장으로 흡수시킬 수 있다. 일반적

감기 물리치기(아이와 성인)

- 녹나무 에센셜 오일 3방울과 유칼립투스 라디아타 에센셜 오일 3방울을 섞는다
- 목과 가슴에 발라준다.
- 유색 콧물이 흐르는 경우, 로즈우드 에센셜 오일을 3방울 추가한다.
- 이 혼합제는 경구 섭취가 가능하다. 매우 효율적이지만 맛은 좋지 않다. 필요한 경우 꿀 한 숟가락을 함께 삼킨다.

으로 정확한 계량에 따라 식물성 오일에 섞어서 쓴다. 하지만 일부는 희석하거나 혼합하지 않고 그대로 사용하기도 한다.

우리 가족이 중요하다고 생각한 효능을 아래 표에 정리했다. 하지만 주의할 점이 있다. 나열해놓은 효능 외에 다른 특정 효능이 나타날 수도 있다. 따라서 사용하기 전에 반드시 정확한 정보를 알아봐야 한다.

로즈우드(아마조니카종) 또는 **팔마로사**(모티아종)	강력한 항균제이자 진통제이며 탈취제다. 아이들이 사용하기에 적합하다. **주의: 팔마로사는 분만을 촉진한다.**
실론계피나무	호흡기, 피부, 비뇨기, 구강, 장, 여성 생식기 등 모든 유형의 세균성 감염을 치료하는 아주 강력한 항균제다. 국소 부위 지방 연소 효과가 있다. **주의: 피부 자극을 유발하며 5세 이하 어린이 및 임산부, 수유 중인 산모에게는 원액 그대로 사용하면 안 된다.**

로만 캐모마일 또는 노블 캐모마일	진정 작용이 우수해 충격을 받거나 힘든 상황을 겪었을 때 사용하면 좋다.
자바 시트로넬라	벌레 물렸을 때 가려움증을 완화시켜준다. 피부로 흡수되어 소염작용을 한다. 주의: 피부 자극을 유발할 수 있기 때문에 희석해서 사용해야 한다. 호흡기로 흡입하면 안 된다. 3세 이하 어린이 및 임산부, 수유 중인 산모에게는 사용을 권장하지 않는다.
사이프러스(스트리카종)	진해 효과가 있으며 마른기침을 진정시켜준다. 기침 시럽인 스토달보다 효과가 좋다.
타라곤	알레르기성 호흡기 질환을 막아주며(캡슐로 섭취), 경련과 근육 수축을 이완시킨다.
레몬 유칼립투스	소염제이자 항류머티스제로 건염과 관절염 치료에 좋다.
유칼립투스 라디아타	감기, 이염, 비염을 치료한다. 독감 예방 효과가 있다.
체커베리	소염제, 진통제 작용을 하며 근육 류머티즘(레플렉스 스프레이 효과[6])을 예방한다.
클로브꽃	구강염, 아이의 이앓이를 예방해준다. 주의: 피부 자극을 유발할 수 있기 때문에 희석해서 사용해야 하고, 분만을 촉진한다.
생강	배변 활동을 촉진하고, 장내 가스를 제거하며, 성 기능 강장 효과가 있다.
이탈리안 헬리크리섬 또는 **임모텔**	아르니카보다 1,000배는 더 강력한 혈종 예방 효과가 있다. 타박상, 혈종, 염좌에 효과가 좋다. 피부 트러블 또는 주름 개선에 완벽한 효과를 발휘한다.(이 경우 식물성 오일과 섞어서 사용해야 한다.) 주의: 아이, 임산부 또는 수유 중인 산모는 가급적 사용하지 않는 것이 좋다.

6 스페인에서 만든 근육통증 완화제로 우리나라에서 사용하는 파스와 비슷하다.—옮긴이.

월계수	진통제이자 소염제이며 강력한 독감 예방 효과가 있다.
스파이크 라벤더	벌레 물린 상처, 독이 있는 동물에게 물린 상처, 일광화상 치료에 쓰이며 그 중에서도 화상에 효과 만점이다.
트루 라벤더	다양한 상처에 소독 효과가 있으며 상처를 아물게 한다.
매스틱 나무	정맥류 및 치질로 인한 정맥 충혈을 치료한다.
페퍼민트	소화제, 각성제, 마취제 작용을 하며 차멀미를 완화시켜준다. **주의: 케톤을 함유하고 있어 임산부(유산 위험) 및 6세 이하 어린이는 사용을 피하도록 한다.**
머틀	천연 거담제로 기관지염을 예방한다.
니아울리	살균 작용을 하며 기관지염, 비염, 호흡기 감염에 효과가 있다.
콤팩트 오레가노	매우 강력한 항균 및 항기생충 효과가 있으며 이질, 세균성 설사 등 장 감염을 치료한다. **주의: 페놀을 함유하고 있어 피부 자극을 유발하기 때문에 캡슐 형태로 복용해야 한다.**
비터 오렌지 페티그레인	소화 불량, 심계 항진, 피부 트러블과 같은 스트레스 관련 질환을 완화시켜준다.
녹나무	겨울철 단골 질병과 기타 바이러스 퇴치에 아주 효과적이며 감기, 단순포진을 치료하는 아주 강력한 항바이러스 작용을 한다.

티트리	소독 및 살균 작용을 하며, 박테리아성, 기생충성 피부염과 진균증 개선에 효과적이다.
타임 투야놀	편도염, 후두염, 인두염을 치료한다.
일랑일랑	경련 진정 및 진통 효과가 있으며 정력을 강화시켜준다.

화장품 직접 만들기

쓰레기 제로의 삶을 살기로 결정한 후 우리 가족은 욕실에 어떤 제품이 있는지 살펴봤다. 크림, 샴푸, 치약 등 동일한 제품이 여러 개 나왔다. 당시에는 다소 극단적이더라도 결단을 내려야 한다고 생각했다. 더 자세히 살펴보니 재사용이 불가능한 일회용 용기부터 성분까지 문제가 될 소지가 있었다.

제품을 조금 더 자세히 들여다보니 포장, 재사용 불가 용기, 일회용 용기 혹은 제품 성분 등 문제 될 부분이 많다는 걸 금세 깨달았다.

현재 우리 집 욕실은 아주 말끔히 정리된 상태다. 있는 거라고는 고체 비누 겸 샴푸 2～3개, 벌크로 구입해서 에센셜 오일을 섞어 맞춤형으로 사용하고 있는 보디워시 1～2통이 전부다. 핸드크림과 치약은 '홈메이드'로 만들어 사용하기 시작했다. 개인적인 만족감을 느낄 수 있는 것은 물론이고 제품에 어떤 성분이 들어 있는지 정확하게 파악할 수 있다. 또한 원재료만 구입해 여

파우치!
파우치를 구해!!!
어….
어이구….

홈메이드 화장품 사용할 때 주의할 점

직접 화장품을 만들어 사용하면 매우 재밌지만, 자신이 초보 마녀라도 된 듯한 착각은 금물이다. 처음에는 전문가의 입회하에 만드는 것이 좋다. 소규모 그룹으로 위생과 사용 방법에 관해 명확하게 지시받으면서 화장품 만드는 방법을 배울 수 있는 장소가 점점 더 많아지고 있다.
항상 레시피를 철저하게 따르고 본격적으로 사용하기 전에 혹시나 알레르기 반응이 있는지 피부 테스트를 하고, 위생과 보관 규칙을 철저하게 준수하는 것이 중요하다.

러 가지 제품을 만들어 쓰면 되기 때문에 경제적이기까지 하다. 생일 선물이나 크리스마스 선물로도 안성맞춤이다. 예를 들어 아이들은 거품이 뭉게뭉게 피어오르는 배스밤 만들기에 홀딱 빠져버린다.

가공하거나 다른 제품과 섞지 않고 그대로 사용해도 충분한 제품이 많다.

- 중탄산염은 데오도란트로 사용하기에 안성맞춤이다.
- 스위트 아몬드 오일을 비롯한 모든 식물성 오일은 훌륭한 천연 클렌징 제품이다.
- 코코넛유는 최고의 보디 보습제다.
- 로즈마리 하이드롤라는 엉킨 머리카락을 풀고 비듬을 예방하는 데 좋다.

이제 화장지를 쓰면 안 되는 걸까?

아니, 써도 된다. 다른 형태의 화장지라서 그렇지. 우리는 화장실 휴지를 끊지 않았다.(이건 포기할 수 없었다.) 다만 조금 더 환경적인 해결책을 찾았다. 바로 밀도가 높고, 표백 처리를 하지 않은 데다 국제산림관리협의회 인증(또는 재활용 휴지, 이게 훨씬 낫다.)을 받고, 플라스틱 포장 대신 판지 상자에 담겨 있으며, 대량(24롤)으로 판매하는 화장지를 선택한다. 물론 가장 중요한 건 낭비하지 않는 것이다! 쓰레기 제로 순수주의자들은 세탁할 수 있는 재사용 가능 휴지를 사용하거나 일부 문화권의 관습처럼 물로 씻는다.

- 알로에 베라는 모기에 물리거나 햇볕에 탄 피부를 진정시키는 데 사용하면 효과적이다.
- 진흙은 스크럽제로 사용하기 좋다.

천연 제품으로 화장을 하는 사람들도 있다. 아몬드 오일을 사용해 아이라인을 그리고, 카카오가루로 블러셔를 만든다…….

헤나, 커피, 비트즙, 당근 등 식물성 염색약으로 머리카락을 염색하기도 한다.

요즘 '노푸' 애호가가 점점 늘고 있다. 노푸 방법은 단순하다. 최대한 오랫동안 샴푸를 쓰지 않고 그 대신 물, 베이킹 소다, 사과 식초 등의 천연 제품으로 머리카락을 헹구면 된다.

6 중고품 구매하기

진짜로 필요할까? 이걸로 뭘 하지? 망가지면 어떻게 활용하지? 우리 가족이 고민 끝에 구매하는 물건의 3분의 2는 중고 제품이다. 이 구매 방식은 인기가 많다. 벨기에 사람 10명 중 4명은 이미 중고 제품을 구매해본 경험이 있으며 이 수치는 계속해서 증가하고 있다. 게다가 물건을 다른 방식으로 활용하거나 재사용하면 제품의 수명을 증가시키고 쓰레기를 줄이는 데 도움이 된다. 말 그대로 순환경제다. 이렇게 해서 수많은 물건을 시장에서 계속 순환시키고 매장된 천연자원을 아끼며 화물 운송량을 줄일 수 있다.

왜 중고 제품을 사야 할까?

더 저렴하기 때문이다. 신제품과 중고 제품의 가격 차이는 20~80%에 달한다. 물론 구하려는 물품이 찾기 매우 어려운 한정판일 경우 해당 물품의 진정한 가치를 알고 있는 이상 틀림없이 비교적 비싼 금액을 지불해야 할테지만 말이다. 중고 구매는 결코 새 제품으로 구할 수 없는 물건을 사는 기회이기도 하다.

사회적 경제를 지지할 수 있기 때문이다. 중고품 업계를 통해 일자리를 창출할 수 있다. 업사이클링 및 중고품 업계에서 일하는 사람 중 절반 이상이 해당 분야에서 직업 연수를 받고 있거나 구조를 안정시키는 사회통합 프로젝트에 자원해 적극적으로 참여하고 있다.

골동품을 수집하는 일이 즐겁기 때문이다. 진흙 속에서 진주를 발견하기 위해서든, 어릴 적에 애착을 가졌던 빈티지 제품을 찾기 위해서든, 아니면 단순히 무언가를 찾는 기쁨을 위해서든 골동품을 찾아다니는 건 매우 재밌는 일이다. 일요일이면 벨기에 여기저기서 찾아볼 수 있는 수천 개의 골동품 가게에 들르는 게 일상이 된 사람들도 있다.

알고 있나요? 쓰레기통에 버려지는 물건의 10~15%가 중고 제품으로 판매됐다면 새로운 삶을 살게 되었을 거라는 사실을?

어떤 물건을 중고 제품으로 구매할 수 있을까?

많은 물건을 중고로 구매할 수 있다. 벨기에 사람이 중고 제품으로 가장 많이 구매하는 10가지 물품을 보면 다음과 같다.[7]

- 책 및 만화책(31.1%)
- 의류(27.9%)
- 장식품(18%)
- 가구(17.4%)
- 장난감(17.1%)
- 멀티미디어 기기(14.7%)
- 스포츠 용품 및 취미 용품(13.3%)
- 비디오 게임(11.9%)
- DVD(9.3%)
- 간단한 수리 도구 및 원예 도구(8.9%)

7 http://www.gondola.be/fr/news/retail/4-belges-sur-10-achetent-des-articles-de-seconde-main.

때때로 찾던 물건을 발견하고 놀랄 때도 있다. 그래서 우리 가족은 중고 제품 사이트에 수시로 접속해 인기 많은 물품이 올라와 있는지 알아본다.

중고 제품은 어디서 살 수 있을까?

중고 물품을 찾는 방법은 여러 가지가 있다.

골동품 상점

- 벨기에에서 골동품 상점은 언제나 어디에서나 찾을 수 있다. 유튜브 브로캉트(Brocantes.be), 크페르(Quefaire.be) 등의 사이트에는 골동품 상점 목록이 나열되어 있어 검색하기 쉽다. 이곳에서 온갖 물품을 찾을 수 있다.

느림의 미학

득템을 하려면 기다림은 필수다. 때로는 정말 필요한 게 아니라는 사실을 깨닫기도 한다. 몇 주 또는 몇 달 동안 그 제품 없이 살 수 있었다면…… 진짜 필요한 걸까? 중고 제품 구매는 인내심을 배우게 한다. 우리는 이렇게 긍정적인 느림보로 살아간다.

간이 광고 인터넷 사이트

• 개인 간 거래 사이트에서도 중고 제품을 구할 수 있다. 방문객이 입찰(경매)을 하거나 정찰가로 물건이 올라온다. 구매자와 판매자가 직접 만나 물건을 건네받거나 우편으로 주고받는다. 두지에므맹(2ememain.be), 프티트자농스(Petitesannonces.be), 키셰르슈트루브(Quicherchetrouve.be), 자농스(Jannonce.be) 또는 페이스북 페이지가 거래 장소로 이용되기도 한다.

중고 제품 매장, 업사이클링 센터 및 헌옷 가게

• 옥스팜Oxfam, 레 프티 리앵Les Petits Riens, 캐시 컨버터Cash Converter, 트록 인터내셔널Troc International 및 매력 넘치는 수많은 소규모 매장(마담 라비크Madame Ravik, 랑트르포L'Entrep'Eau 등)에서 중고 제품을 판매한다. 일부 매장은 의류, 전자제품, 아이 용품, 가구 등 특정 물품에 특화되어 있으며 그 외에는 매우 다양한 종류의 중고 제품을 구비하고 있다.

이외에도 조금 생소한 방법으로 거래를 할 수 있다.

지역 교환 시스템

• 지역 교환 시스템 SEL(www.sel-lets.be)은 시민단체가 만든 것으로, 이 단체에서 지정한 고유 교환 단위에 따라 서비스,

물건,지식 등 자원을 거래할 수 있다. 예를 들어 시간 교환 시스템 SELT(Système d'échange local de temps)의 X 단위는 재봉 한 시간 또는 정원 손질 한 시간에 해당한다. 서비스 및 재화 물물교환과 다른 점이 있다면 지역 교환 시스템은 두 사람 사이에서가 아니라 공동체 전체에서 교환 행위가 이뤄진다는 것이다.

기부 센터

- 우리 모두 집 안 여기저기 뒹구는, 두 개씩 있거나 기부하고 싶은 물건이 있을 것이다. 몇 년 전부터 도시에 '기브 박스', 무료 시장, 책 상자 형태로 기부 센터가 우후죽순처럼 생기고 있다. 저녁 모임에 친구들을 초대해 옷이나 책을 교환해 보면 어떨까? 함께 나누고 싶은 근사한 시간이 될 것이다! 또한 인터넷 사이트(Freecycle.org, Recupe.net)를 통해 더 이상 사용하지 않는 제품을 기부할 수도 있다.[8]

교환

- 남편의 직장 동료 이브는 닭을 키우고 멋진 텃밭을 가꾼다. 그래서 우리 가족에게 자주 달걀과 과일, 채소를 나눠준다. 수확량이 너무 많기도 하지만 우리 가족이 기뻐하기 때문이

8 CLIC-RÉCUP' : www.res-sources.be/fr/clic_recup.

다. 그러면 나는 감사의 마음을 전하기 위해 그가 좋아하는 비스킷을 만들어 선물한다. 의도치 않게 아주 자연스럽게 우리는 교환을 하고 있다. 아주 간단하고 매우 의미 있는 일이다.

대여

• 대여라고 하면 자연스럽게 책을 빌릴 수 있는 도서관을 떠올린다. 몇 년 전부터 새로운 아이디어들이 세상에 모습을 드러내고 있다. 그중 하나가 브뤼셀에 위치한 비영리 단체 투른비Tournevie ASBL가 운영하는 도구관이다. 도서관에서 책을 빌리듯 이곳에서는 그라인더, 드릴, 노루발 등 품질 좋은 연장을 빌릴 수 있다. 또한 별로 사용하지 않는 물건이라서, 사봤자 창고에서 먼지나 뒤집어쓸 거라는 이유로 물건을 사는 대신 도구관을 찾는 경우도 있다. Ezilize.be와 같은 웹 플랫폼을 이용해 집에 있는 물건을 이웃에게 빌려줄 수도 있다.[9]

9 공유경제 벨기에 포털: www.ecoconso.be/consocollaborative.

7 아끼던 물건이 새 생명을 얻을 때

우리는 모든 일이 빠르게 진행되고, 소비 주기가 짧으며, 일회용품 문화가 만연한 사회에 살고 있다. 그때그때의 유행, 형편없는 품질, 기업의 계획적 구식화 전략으로 인해 가전제품, 가구, 옷 등이 조기에 사망선고를 받고 쓰레기통과 매립지로 보내진다.

예전에는 세탁기의 수명이 30~40년이었다. 그런데 오늘날에는 세탁기의 평균 수명이 9년밖에 되지 않는다. 대체 무슨 일이 있었던 걸까? 어쩌다 이 지경이 된 걸까? 이 참혹한 비극을 불러온 장본인은 다름 아닌 이윤지상주의와 과소비다. 어떤 대가를 치르더라도, 필요하다면 우리의 아름다운 지구를 망가뜨려서라도 경제를 돌아가게 만들어야 하기 때문이다. 기업들은 심

알고 있나요?

- 오늘날 한 가정에서 나오는 쓰레기 배출량이 100년 전에 비해 10배 더 많다는 사실을?
- 매년 약 80만 톤의 텔레비전, 35만 톤의 프린터와 키보드가 버려지는데, 이는 에펠 탑보다 115배 더 무겁다는 사실을?*
- 2015년 벨기에에서 가전제품 2,700만 대 이상이 재활용됐는데 이는 버려진 전체 기기의 40%에 못 미치는 수치였습니다.**

* www.e-rse.net/cout-obsolescence-culture-jetable-dechets-17916/#gs.e6ShjkY.
** www.geeko.lesoir.be/2016/09/22/plus-de-27-millions-dappareils-electroniques-ont-ete-recycles-lan-dernier-en-belgique.

지어 휴대전화와 배터리를 일체형으로 제작해 수리할 수 없게 만든다. 하지만 다행히도 소비자들은 이런 낭비를 지긋지긋해하며 경쟁적으로 결함을 만들어 제품이 일찍 버려지게 하는 행태를 향해 “그만!”이라고 외치고 있다. 이에 따라 일부 소비자는 리페어 카페Repair café나 인터넷 커뮤니티에 모여 구체적인 해결책을 강구한다. 또한 네덜란드의 사회적 기업 페어폰Fairephone과 같이 일부 의식 있는 기업은 소비자가 처음부터 끝까지 스스로 분해하고 수리할 수 있는 제품을 선보이고 있다.

수리하기

수리 센터 또는 수리기사

- 우리가 사용하는 GSM 휴대전화를 위한 클리닉, 신발에 새로운 삶을 부여해줄 구두 수선사, 노하우를 발휘해 식기세척기를 되살려줄 방문 수리기사 등, 이러한 직업의 가치가 재평가될 시간이 왔다. 또한 집에서 사용하는 가전제품과 소중한 물건들이 예정된 시간보다 빨리 우리 곁을 떠나지 않도록 새로운 해결책을 모색해야 할 때다.

리페어 카페 또는 함께 수리하는 모임

- 망가진 물건을 가져가면 자원봉사자로 참여하는 가전제품 또는 전기제품, 자전거 수리기사와 재단사들이 수리 방법을

알려준다. 이렇게 해서 새것처럼 바뀐데다 능력치까지 향상된 물건을 갖고 돌아갈 수 있다. 그리고 이 모든 게 무료다! 리페어 카페는 왈롱과 브뤼셀 곳곳에 있다.[10]

교환부품

- 그 가능성을 늘 염두에 두고 있는 것은 아니지만, 생각해보면 교환 부품을 구할 수 있는 기기가 많다. 납품업체나 제조업체에 연락해서 부품이 있는지 확인하기만 하면 된다. 부속품을 취급하는 매장을 찾아다녀야 할 수도 있다. 부품가격이 좀 비싸긴 해도 가전제품이 쓰레기통에서 때이른 죽음을 맞이하지 않을 수 있다면 지불할 만한 값이다. 금전적으로 값을 치러야 하는 일이지만 환경적으로도 의미가 있는 일이다.

직접 수리하는 방법을 알려주는 사이트

- 수리기사의 영혼을 지닌 사람들에게 이 사이트들은 보물창고와 같다. GSM 휴대전화, 토스터 등을 수리할 때 필요한 모든 조언이 담겨 있다. 커뮤니티 활동 유저들이 더욱 구체적인 질문에 답을 해주기도 한다. 또한 능력자들Les Débrouillardes처럼 개인이 배관, 전기 등 일상적인 고장을 알아서 수리할 수 있도록 도움을 주는 멋진 프로젝트가 세상

10 더 많은 정보는 www.repairtogether.be Ifixit.com, Commentreparer.com, Lagrottedubarbu.com, Insidemylaptop.com(노트북 수리)에서 찾아볼 수 있다.

에 나오고 있다.

팹랩

- 팹랩Fablab은 이름 그대로 제작 실험실이다. 또한 모든 사람에게 개방된 공동 아틀리에로, 방문객들은 레이저 절단기, 전문가용 재봉틀 등 구비되어 있는 기계와 도구를 사용해 다양한 물건을 만들 수 있다. 팹랩의 목적은 새로운 기술을 대중화하는 것이다. 팹 매니저가 상주하며 처음 온 사람이 첫발을 떼는 걸 도와준다. 아틀리에에 있는 3D 프린터를 이용해 수리하려는 기계의 부품을 똑같이 만들어낼 수도 있다. 팹랩은 현재 브뤼셀, 투르네, 리에주, 루뱅라뇌브에 지점을 두고 있다.

세상에 쓸모없는 것은 없다

핀터레스트, 인스타그램, 인터넷 등은 모두 창조적 프로젝트에 뛰어들고자 하는 사람에게 영감의 원천이 된다. 우리의 창의력을 자극하는 새로운 친환경 트렌드인 업사이클링, DIY, 재제조의 열기는 한동안 사그라들 기미가 보이지 않는다.

업사이클링

- 트럭 타이어로 만든 가방과 지갑, 구명조끼로 만든 파우치,

알고 있나요? 쓰레기로 옷을 한 벌 만들 때마다 새 옷을 생산하는 것에 비해 이산화탄소를 84% 더 적게 생산하고 물을 85% 더 적게 사용한다는 사실을?•

• www.consoglobe.com/upcycling-rien-ne-se-perd-tout-se-transforme-cg.

나무 팔레트로 만든 가구, 유리병 전등 등 아이디어는 무궁무진하다. 업사이클링은 쓰레기통에서 생을 마감했을지도 모를 쓸모없어 보이는 물건에 완전히 새로운 숨결을 불어넣는다. 즉 업사이클링은 단지 리사이클링에 그치지 않고 기존 물건에 새로운 가치를 부여해 특별한 부품으로 만든 다음 새로운 스타일과 기능을 가진 제품으로 재탄생시키는 활동이다.

패션 및 디자인 산업도 환경에 미치는 영향을 줄이기 위해 업사이클링에 조금씩 관심을 보이고 있다. 그 일환으로 자원 회수와 재활용을 통해 의류 및 가구를 더욱 친환경적이고 윤리적으로 제작할 수 있는 기술에 대한 투자도 이뤄지고 있다. 또한 공정무역 업사이클링 제품을 선택해 구매하면 제작자에게 정당한 수익을 보장해줄 수 있다.

하지만 생태적 책임감을 가진 척하며 위장된 이미지를 내세우는 기업의 '그린워싱Greenwashing' 또는 '녹색 분칠'에 주의하자. 바다에서 회수한 폐플라스틱을 재료로 운동화를 만들기 시작한 유명 신발 제조업체가 대표적인 사례다. 멋진 행보지만 단순한

도대체 무슨 콘셉트인지….
피부관리사가 아닌 게
다행이네요….
오, 그것도 괜찮네요.
안 될 것 없잖아요?
COUP'TIF
& COUSSINS
10 COUPES
=
1 COUSSIN
OFFERT

홍보수단에만 그쳐선 안 된다.

옷 또한 업사이클링을 통해 새로운 모습으로 다시 태어날 수 있다. 개인적으로 내 오래된 티셔츠, 약간 더러워진 아이들 원피스 등을 새로운 용도의 물건으로 탈바꿈시키는 걸 특히 좋아한다. 낡은 옷이 벌크 주머니가 되기도 하고 앞치마가 되기도 한다. 창의력에는 한계가 없으니까.

DIY

- DIYDo It Yourself는 손수 일상생활에서 사용하는 물건, 과학기술이 적용된 물건, 예술적인 물건을 만드는 일이다. DIY를 통해 특별한 가치를 지니는 물건을 만들어내면서 기술도 습득할 수 있다. 인터넷에는 튜토리얼이 어마어마하게 쏟아진다. 또한 커뮤니티가 만들어지고 그 안에서 아이디어를 교환한다. 어떤 사람은 심지어 창작자의 영혼을 불태워 직접 만든 작품을 판매하기도 한다.

재제조

- 산업 차원에서도 수명이 다한 제품이나 부품을 자원으로 재사용해 이전과 동일하거나 한 차원 높은 성능을 지닌 새로운 제품으로 탈바꿈시킬 수 있다. 이런 경우를 재제조Remanufacturing라고 한다. 순환경제의 원칙을 실제 활용한 사례다. 새로운 자재를 생산하려면 원료를 가공해야 하고 에너지

와 물 자원이 필요하지만 재제조로 다시 태어난 제품은 산업 자원을 절약할 수 있게 해준다.

8 책임감 있는 소비로 옷장 다이어트하기

의류 과소비는 지구에 막대한 영향을 미친다. 패션 산업은 세계에서 두 번째로 환경 파괴적인 업종이다. 의류 생산은 막대한 에너지, 물, 자원을 소모하고 때로는 사람의 목숨을 앗아가기도 한다. 사람들은 공장이 오염시킨 물에 중독되고, 노동자들은 열악한 노동 환경에서 감당할 수 없는 작업 속도를 맞추기 위해 경주마처럼 달리다 사망에 이르며, 아이들은 착취당한다.

그나마 사람들이 이 문제를 인식하기 시작했고, 보다 지속가능한 대안들이 존재하는 덕분에 '정크 패션(패션 산업을 정크푸드에 빗댄 표현)' 문화에 제동을 걸 수 있어 정말 다행이다. 오늘날 소비자들은 스스로 정보를 찾고, 투명성을 요구하며, 보다 윤리적이고 사회적인 패션에 관심을 기울이고 있다.

중고 옷부터 직접 만든 옷까지

원래부터 유행에 민감하지는 않았지만 쓰레기 제로를 목표로

알고 있나요?•

- 섬유 산업 때문에 중국 하천의 70%가 오염됐다는 사실을?
- 매년 우리가 사들이는 새 옷의 무게는 약 20kg이며 옷이 만들어질 때마다 옷 무게의 약 20배에 달하는 온실가스가 발생한다는 사실을?
- 옷장에 있는 옷의 3분의 1만 입는다는 사실을?
- 전 세계 농약 소비의 10%는 면 생산 때문이라는 사실을?
- 250g의 티셔츠 한 벌을 만들려면 2,500리터의 물이 필요하다는 사실을?

• https://www.huffingtonpost.fr/2015/11/29/impact-textile-environnem_n_8663002.html.

하면서 우리 가족은 더 적게 소유하며 사는 방법을 배웠다. 이 길을 걸으면서 옷 입는 방식도 이전과는 달라졌다. 너무나 자연스럽게 중고 제품을 사기도 하지만 친구에게 도움을 청할 때도 있다. 아는 사람끼리 옷을 교환하거나 물려주면 아주 기분 좋게 옷장을 채울 수 있다. 하루가 다르게 쑥쑥 크는 아이가 있는 집이라면 더더욱 반길 것이다.

하지만 더 이상 새 옷을 사지 않는다는 말은 아니다. 다만 더욱 지속 가능한 대체재로 우리의 지평을 넓혔을 뿐이다.

나는 재봉을 좋아하고 옷 만드는 법도 배웠다. 아이들을 위해서든 나 자신을 위해서든 옷 만드는 일은 굉장히 즐거우며 자부심도 느낄 수 있다. 인터넷에 있는 사용지침서를 보기도 하고 참고용으로 가지고 있는 두세 권의 책을 읽기도 한다. 책에 들어 있는 기본 옷본을 참고하면 스타일을 쉽게 바꿀 수 있다. 내가 이용하는 업사이클링 센터, 원단 시장 또는 창의적인 소규모 매장에서 에코 텍스Eko Tex 라벨이 붙은 원단이나 친환경 원단이 점점 다양해지고 있다. 하지만 비싼 가격에 주춤하게 될 수도 있다.

그러면 신발은? 우리 가족은 신발만큼은 결코 중고로 사지 않는다. 하지만 친구나 아는 사람에게서 거의 신지 않아 새것과 다름 없는 상태 좋은 신발을 받기도 한다. 때때로 첫째 아이가 신던 신발이 아직 신을 만하고 망가지지 않은 상태라면 둘째 아이에게 물려주기도 한다. 신발이 발을 잘 고정해주고 발의 형태에 잘 맞는 지 확인하는 것이 중요하다. 또한 우리 가족은 나중에 수선해서 신을 수 있을 만큼 품질이 좋은 신발을 고른다. 구두를 수선받을 수 있다니 감사한 일이다. 윤리적인 방식으로 생산된 가죽이나 유기농 가죽으로 만들어지고, 재활용 자재가 사용됐으며, 아트, 캠퍼, 내추럴리스타처럼 유럽 브랜드에서 제작한 신발이 가장 좋다.

복잡한 옷장을 정리하자

파레토Pareto 법칙에 따르면 우리는 실제로 옷장에 있는 옷 중에서 단 20%만 착용한다. 기가 막힐 노릇이다. 다시 말해 입지 않는 옷이 80%나 된다는 얘기다. 이제 정리와 비움을 통해 옷장을 미니멀하게 만들 때다.

먼저 업무, 활동, 편안함, 자신과 어울리는 색깔, 형태에 따라

내 옷장으로 모이는 길 잃은 옷들

나는 자전거로 브뤼셀 거리를 돌아다니는 걸 좋아한다. 그 순간을 만끽하면 내 모든 감각이 깨어나는 것 같다. 이곳저곳 구경하다보면 길바닥에 버려진 낡은 옷가지를 자주 발견하게 된다.
나는 이런 상황에서 세 가지 행동을 취한다.

- 눈에 띄는 옷이 없는지 또는 '업사이클링'할 수 있는지 살펴본다.
- 의류 수거함에 넣어 중고품 업체에서 가져갈 수 있게 한다.
- 길을 더 깨끗하게 만든다.

때때로 조깅을 하거나 산책을 할 때 버려진 옷 중에서 작은 보물을 발견하기도 한다. 이미 스웨터, 스카프, 청바지를 찾아냈다……. 이렇게 해서 길 잃은 옷들이 내 옷장을 채운다.

실제로 어떤 옷들이 필요한지 정의해야 한다. 이를 기준으로 불필요한 옷을 파악해 옷장에서 빼낸다. 옷장 정리 기술 중에는 옷장에 옷을 몇 벌 남겨둘지 그 숫자(기술에 따라 3 또는 7)를 정하는 방법도 있다. 예를 들어 숫자 3을 선택한다면 티셔츠 3개, 니트 3개, 원피스 3개씩만 보관하는 식이다.

옷을 적절하게 골라내려면 계획을 잘 짜야 하고, 옷장을 단정하게 정리해 가지고 있는 모든 옷이 잘 보이도록 해야 한다. 사계절용, 모듈식 옷,[11] 여러 옷과 함께 코디하기 쉬운 제품 등을 남겨둔다. '입을지도 모르는' 옷들, 그러니까 옷더미 아래 묻혀

11 한 벌로 티셔츠, 바지, 스커트 및 가방까지 다양한 연출이 가능한 의류.

있고 더는 입지 않을 것 같은 옷은 치운다. 스스로 '언제부터 안 입었더라?' 하고 질문을 던질 수도 있다. 이 질문은 그 옷에 대한 애착 정도를 빠르게 파악하게 해준다.

재미삼아 옷을 전부 뒤집어 놓은 뒤 한달 후 어떤 옷이 그대로 있는지 확인해보자. 이 방법은 버려야 할 옷이 무엇인지 판단하는 데 정확한 지표가 된다.

옷을 입는 새로운 방법

최근 새로운 유형의 의류 대여 서비스가 생겼다. 결혼식, 축제, 파티 등 특별한 날에 입을 옷을 대여해주는 서비스는 알고 있었지만…… 도서관처럼 브랜드 의류를 빌려주는 서비스는 처음이다. 월정액을 지불하면 마음껏 옷을 갈아입을 수 있다. 게다가 정말로 마음에 드는 옷이 있으면 언제나 살 수 있다. 이 방법이라면 착각해서 옷을 구매할 일이 없을 것이다!

또 '언제 입지?'라든가 '그런 경우가 얼마나 자주 있지?'라고 자문해볼 수 있다. 만약 이브닝드레스를 입어야 할 때가 일 년에 한 번이라면 10벌이나 가지고 있을 필요가 없다. 나중에 특정한 옷을 입어야 할 때는 의류 대여 서비스를 이용할 수 있다는 걸 기억해 두자.

마지막으로 더이상 입지는 않지만 추억을 불러일으키거나 누군가를 떠올리게 하는 옷에는 특별한 애정을 느끼기도 한다. 이런 경우 옷장에 계속 놔두면 안 되는 걸까? 창고에 추억 삼아 보관할 수는 없을까?

『인생이 빛나는 정리의 마법』의 저자 곤도 마리에 방식으로 옷을 손에 들고 있을 때 특별한 감정이 떠오르는지 확인해 보자. 우리를 행복하게 만들어주고 마음을 편안하게 해주는 옷만 남긴다. 만약 '아마' 또는 '그다지'라는 감정적인 벽이 느껴진다면 버려야 한다는 신호다.

이상적인 옷장은 한 달 만에 만들어지지 않으며 한 해를 넘어갈 수도 있다. 시간이 걸리는 일이고 고민도 많이 해야 한다. 차근차근하려면 몇 주 간격을 두고 여러 번에 걸쳐 치우는 것이 낫다. 그러면 치우는 일이 더 수월해질 것이다.

더 이상 입지 않을 옷은 어떻게 하면 좋을까? 가까운 지인, 친척, 친구, 동료 들이 관심을 보일지도 모른다. 한번 물어보자. 아니면 기부 센터나 사회적 경제 기업을 통해 입지 않는 옷에 새로운 삶을 부여해줄 수도 있다.

왈롱과 브뤼셀에는 의류 수거함이 곳곳에 많이 설치되어 있다.[12]

9 지역에서 생산된 제품 선물하기

쓰레기 제로 생활습관을 시작하면 가정에만 변화가 찾아오는 게 아니라, 주변 사람들에게도 긍정 바이러스를 전파하게 된다. 누군가에게 선물할 기회가 생기면 너무나 자연스럽게 쓰레기 제로를 염두에 두고 선물을 고르기 때문이다.

12 www.terre.be, www.oxfamsol.be, www.petitsriens.be, www.res-sources.be, www.curitas.be).

'체험' 선물

'체험'은 대표적인 쓰레기 제로 선물이다. 물질적인 선물이 아니라 즐거운 활동이나 특정한 장소에서 즐길 수 있는 체험을 선물하는 것이다.

몇 가지 예를 소개하겠다.

- 친구나 연인과의 식사
- 저녁에 영화 보기
- 야외 활동 및 레저 스포츠 즐기기
- 전시회 관람하기
- 트리 하우스에서 주말 보내기
- 여자 친구들끼리 스파하기
- 동네 도서관 회원권 끊어주기
- 별장을 빌려서 짧거나 긴 휴가 즐기기
- WWF(세계자연기금), SOS 어린이 마을, 거리의 간호사들Infirmiers de rue, 자연보호 비영리단체 나타고라Natagora, 병원 웃음치료 봉사단, 클리닉클라운스Cliniclowns, 유니세프 또는 선물의 주인공이 관심 있어 할 만한 단체 후원하기
- 음악 수업, 요리 수업 등 좋아할 만한 수업에 등록해주기
- 해수 요법 치료 이용권 선물하기
- 바느질, 요리 등의 노하우 교환하기

누군가 내게 선물로 뭘 받고 싶은지 물어보면 나는 '당신과 함께하는 시간이나 활동'이라고 대답한다. 쓰레기 제로는 물질적인 것이나 불필요한 선물에 작별을 고하고 사랑하는 사람들과 더욱 가까워지는 삶으로 나아가는 길이기도 하다.

홈메이드 선물

소소한 기념일을 축하하거나 예산을 줄이기 위해 또는 손재주가 있다면 스마트하고 쓰레기 제로 목표와 부합하는 '물질적인' 선물을 준비하는 것도 나쁘지 않은 선택이다.

아래에 몇 가지 예를 적어봤다.

- 벌크로 구매한 초콜릿과 비스킷을 담은 유리병
- 자연에서 딴 야생 꽃으로 만든 꽃다발(당연히 보호종은 안 된다)

'선물 박스'는 독이 든 선물일까?

몇 년 전부터 시장에서 선물 박스가 점점 더 많은 사람을 유혹하고 있다. 의도는 좋으나 안타깝게도 선물 상자는 받는 사람에게 독이 될 수 있다. 서랍장에 처박혀 잊힌 선물 박스의 25~30%가 단 한 번도 사용된 적이 없다. 예약하기도 어렵고, 공급도 굉장히 한정적인 데다 구성 제품의 품질도 좋지 않다. 따라서 손수 만든 '서비스 쿠폰'을 제공하는 게 훨씬 낫다. 쿠폰을 사용할 때까지 친구들에게 정기적으로 상기시켜주기만 하면 되니까.

- 레시피(예를 들면 쿠키)에 필요한 재료를 담은 유리 통
- 홈메이드 또는 벌크로 구매한 스킨케어 제품
- 업사이클링 센터나 업사이클링 디자이너에게서 구한 옷
- 텃밭, 발코니, 정원에 심을 씨앗
- 찬장에 잠들어 있거나 골동품점에서 찾아내 새 생명을 부여한 유용한 물건
- 직접 뜨개질이나 재봉으로 만든 작품

물론 이런 유형의 선물을 할 때는 오래 사용할 수 있는 중고 제품, 수제품, 지속 가능한 물품, 고품질 제품을 선택해야 한다.

포장은 안 해?

쓰레기 제로 선물을 끝까지 관철하려면 선물을 포장해선 안 된다. 일회용 포장재 사용은 더더욱. 만약 필요하다면 '후로시키' 보자기로 선물을 포장해보는 건 어떨까? 종이 포장은 더 이상 해결책이 아니다. 일부 포장지가 FSC 인증을 받은 종이로 만들어진 것이라고 해도 제작 과정에서 용매가 첨가되고 플라스틱 처리를 하기 때문이다. 플라스틱 처리가 되고, 금속 광택을 주거나 반짝이를 뿌린 포장지는 더 이상 재활용할 수도 없다.

후로시키는 전통적인 일본 포장 기술이다. 도시락, 간편한 식사, 물건을 운반하거나 선물을 포장할 때 사용한다. 5장 〈직접

만들어 보는 쓰레기 제로 라이프〉를 참조해서 직접 만들어보자.

만약 종이 포장을 피할 수 없다면 크래프트 종이를 이용해 직접 꾸며주는 것도 좋다.

포장된 선물을 받았을 때 가장 좋은 방법은 포장을 조심스럽게 뜯어서 나중에 재사용하거나 새로운 생명을 부여해주는 것이다. 종이 포장지의 수명을 고려하면 충분히 가치 있는 일이다.

10 쓰레기 없는 크리스마스

나는 주위가 온통 소란스러워지는 연말 행사를 별로 좋아하지 않는다. 모임을 기획하면서 받는 스트레스, 선물 등도 이 시기를 싫어하는 이유 중 하나다. 가족과 함께 나누는 시간이어야 하는 크리스마스가 상업적인 축제가 되어버린 것 같다. 영국에서처럼 어떤 이들은 풍요로운 크리스마스를 보내기 위해 빚을 지는 것도 서슴지 않는다.

과거에는 행복과 만족이 물질적 풍요로움에 있다고 생각했기 때문에 우리 가족은 언제나 많은 선물에 둘러싸여 있었다. 그러나 현재 생활방식을 채택하고 나서는 180도 바뀌었다. (거의) 아무것도 받지 않아야 마음이 가장 편하다.

선물 목록

우리 가족의 경우, 아직 선물을 주고 받는 일을 그만둘 수는 없을 것 같다. 그러므로 우리는 문제를 정면으로 직시하고 선물 목록을 최대한 줄여야겠다는 바람을 내비쳤다. 우리 가족은 이제 제비뽑기를 하고 각자 한 명에게 한 가지 선물만 준다. 한 사람당 최고 예산을 정하고 각자 자유롭게 주고 싶은 걸 주거나 바라는 목록이 있다면 참고해서 선물한다. 얼마나 숨통이 트이는지!

예전에도 그렇다고 생각했지만, 선물로 줄 수 있는 건 정말 많다. 친환경 라벨이 붙어 있거나, 공정무역 제품이거나, 사는 지역 또는 벨기에에서 생산된 제품 등 다양한 선택지 중에서 책임감과 윤리 의식을 가지고 선물을 고르면 된다.

트리

크리스마스트리는 피하고 싶지도 않고 그럴 수도 없는 전통 중 하나다. 장식, 반짝이는 조명, 나무 냄새가 마법 같은 추억의 순간을 만들어준다. 요즈음 트리에 대해 따져 볼 거리가 늘었다. 인공 트리를 살까 아니면 진짜 나무를 살까? 나무 아래 흙덩어리가 붙어 있는 걸 골라야 하나?

해가 지나도 계속해서 재사용할 수 있기 때문인지 보통 인공 트리가 좋은 해결책이라고 생각한다. 하지만 소비자의 변덕 때문에 평균 수명이 고작 6년밖에 안 된다. 최대한 환경 발자국을 줄이려면 적어도 20년은 사용해야 하는데 말이다. 환경 파괴적인 자재를 사용하는 데다 생산할 때 필요한 화석 에너지(PVC, 플라스틱, 알루미늄)를 생각하면 친환경과 거리가 멀다. 게다가 대부분 아시아산으로 열악한 노동환경에서 만들어진 것이다.

또한 전통적인 트리 대신 나무 팔레트, 나뭇조각, 유목, 널빤지 등으로 직접 크리스마스 트리를 만들 수도 있다.

인공 트리는 재사용이 가능하다고 할지라도 진짜 트리보다 연간 약 3배 더 많은 탄소 발자국을 남긴다. 게다가 윤리적이지도 않고 사회적 책임의식도 없다.

따라서 진짜 트리로 관심을 돌려, 가까운 지역에서 자라고, 가능하다면 아르덴 지역 생산자들의 베리타블Véritable과 같은 라

알고 있나요?

- 트리를 사기에 가장 좋은 타이밍은 12월 둘째 주까지라는 사실을?
- 대기업 브랜드 트리는 일반적으로 벨기에산이 아니며 오랫동안 보관이 가능한 이유는 환경 파괴적인 접착제를 사용했기 때문입니다.
- 크리스마스가 지나자마자 코뮌 간 쓰레기 처리 연합과 브뤼셀 청결 단체에서 특별히 트리를 수거해 퇴비로 만들거나 잘라서 재사용할 수 있는 나뭇조각으로 만듭니다.
- 인공눈으로 뒤덮인 트리는 거주 공간에 유독한 성분을 내뿜을 뿐만 아니라 수명이 다한 뒤 재활용할 수 없습니다.

벨이 붙어 있는 제품을 고르는 것이 바람직하다. 그렇지 않으면 페름 노 필리프Ferme Nos Filifs나 실렉스Silex처럼 장애인의 사회 재활을 돕는 사회 통합적인 프로젝트를 지지하거나 '모두를 위한 크리스마스Noël pour tous'와 같은 사회적 기업으로부터 트리를 구입할 수도 있다.

다음 해에 정원에 다시 심을 계획을 갖고 있다면 흙덩어리가 붙어 있는 트리를 사는 게 더 낫다. 하지만 안타깝게도 우리집에서 나무를 관리하는 상태를 보면 다음해까지 나무가 살아 있을 가능성은 매우 희박해 보인다.[13]

또한 전통적인 트리 대신 나무 팔레트, 나뭇조각, 유목, 널빤지 등으로 직접 크리스마스 트리를 만들 수도 있다. 핀터레스트에는 독특한 것부터 괴상한 것까지 다양한 아이디어가 넘쳐난다.

식사

크리스마스 저녁 만찬은 즐거운 마음으로 평소에는 보기 힘든 훌륭한 요리를 맛보는 특별한 시간이다. 식사 구성에 있어 우리 가족은 두 가지 방법을 선택한다.

- 우리끼리 준비할 요리를 나누고 각자 만들어온다. 한 명이 식전주에 곁들이는 안주를 맡으면 다른 사람은 메인 요리를

13 벨기에산 전나무 종묘장 연락처 모음 www.portailbois.be.

맡는 식이다.

- 음식 배달업체에 주문한다. 이 경우 일회용 플라스틱 접시에 둘러싸이는 상황에 처하지 않으려면 시간을 갖고 차분하게 쓰레기 제로에 대해 설명하는 것이 관건이다. 배달업체에서 재사용 가능한 접시를 가져다주거나 우리가 그릇을 가져가서 음식을 가득 채워 오면 된다.

장식

테이블에는 냅킨과 맞춘 가장 예쁜 식탁보를 덮는다. 물론 모두 천으로 만든 것이다. 그리고 장식으로는 솔방울, 낙엽, 나뭇조각 등을 이용한다. 아이들은 함께 자연물로 장식을 꾸미면서 매우 행복해할 것이다.

11 허례허식 없는 결혼식 올리기

나는 이미 결혼했지만, 만약 과거로 돌아가서 모든 걸 다시 시작해야 한다면 완전히 다른 방식으로 결혼식을 올릴 것이다.

초대

인터넷에 올라와 있는 다양한 제품을 보면 알 수 있듯, 오늘날에는 전자메일 청첩장을 보내는 일이 가능하다. '전통적인' 방식과는 조금 다르지만, 초대장을 인쇄해 우편으로 보낼 때 발생하는 생태 발자국을 줄일 수 있다는 장점이 있다. 초대 손님 명단을 관리할 수도 있는 애플리케이션도 있다. 또한 인터랙티브 지도를 넣거나 영상을 추가하면 훨씬 더 독특한 초대장을 만들 수 있다. 만약 가족의 전통을 존중하기 위해 종이 초대장이 꼭 필요하다면 재활용 종이 또는 FSC 인증을 받은 종이를 사용하고, 지역 인쇄소를 이용하자.

드레스, 턱시도, 부케

결혼 예복의 경우 중고 제품을 찾거나 대여한다. 구입하면 십중팔구 옷장에 처박아두고 다시 꺼낼 일이 없다……. 딸의 결혼식을 위해 드레스를 간직하고 싶을 수도 있으나 딸도 그걸 원할 확률은 극히 드물다! 드레스나 정장을 수선해야 할 수도 있다. 중고 예복을 찾아 절약한 돈으로 재단사에게 도움을 요청하면 치수에 맞게 고쳐줄 것이다. 부케는 야생에서 자란 들꽃이나 지역에서 자라고 윤리적인 방식으로 키운 제철 꽃으로 만든다.

결혼선물 목록

물질적인 선물을 받는 대신 추첨함을 설치해 그 안에 축복의 글, 체험 선물 제안서, 신혼여행이나 미래의 집을 리모델링할 자금 등을 받는 것도 한 방법이다. 이렇게 들어온 돈의 일부 또는 전부를 구호활동에 기부할 수도 있다.

예식장 장식

결혼식이 끝나고도 다시 사용할 걸 생각해 일회용품은 사절한다. 천 식탁보를 깔고, 자수를 놓은 냅킨은 하객들이 기념으로 가져갈 수 있게 하며, 전문업체에서 자기 그릇을 빌리고, 작은 잼 통에 촛불을 꽂고, 검은색 앞치마에 식사 메뉴를 적어 놓자.

식사

지역 내에서 지속 가능한 방식으로 생산된 식재료로 만든 음식을 대접하자. 케이터링 업체는 지속 가능한 철학 및 반낭비적 태도를 고려해 선택하거나 쓰레기 제로 철학에 대해 업체를 설득하려고 노력해야 한다. 직업적 재활을 지원하는 기업에서 맛있는 식사를 주문할 수도 있다.

음료는 와인, 주스, 물 등 재활용 가능한 병에 든 것을 선택하고 양조장에서 맥주 통을 주문한다. 책임감 있는 생산 방식으로 만드는 지역 맥주를 하객들에게 맛보여줄 기회다!

12 슬로 모드로 이동하기

쓰레기 제로의 실천은 일상생활이나 구매 활동에만 국한되지 않는다. 생활 습관을 바꿀 때 이동 문제 또한 주요 고민거리 중 하나다. 이때 지속 가능한 이동수단에 관심을 가지게 된다.

교통수단은 환경에 점점 더 큰 영향을 미치고 있으며 전체 온실가스 배출량의 39%를 차지한다. 이 중 80%는 자동차, 트럭과 같은 육로 교통수단에서, 15%는 항공 교통수단에서 발생한다.[14]

자전거

도시에서 1~5km 이내 거리를 이동할 경우 가장 빠른 교통수단은 바로 자전거다. 자동차는 시속 14km의 속력밖에 내지 못하는 반면 자전거는 시속 15km로 이동할 수 있다.

자전거는 쓰레기 제로 이동을 위한 자타공인 최고의 동반자

14 벨기에 환경에너지관리청Agence de l'environnement et de la maîtrise de l'énergie 자료.

다. 자전거와 함께라면 원할 때 원하는 곳에 자유롭게 갈 수 있으며 우리 삶에 '말로 형용할 수 없는 작은 행복'을 더해준다. 우리 가족은 등하교, 출퇴근, 장보기, 심지어 휴가를 갈 때도 자전거를 이용한다. 따라서 우리 가족이 이용하는 (법인) 자동차는 집 앞에서 낮잠을 자기 일쑤다.

도시에서 자전거 이용자의 안전을 위한 각종 인프라도 차근차근 마련되고 있다.

- 자전거 전용도로 정비 강화
- 자전거를 집에 보관할 수 없는 사람들을 위한 자전거 주차장 설치[15]
- 다양한 자전거 수리 솔루션 제공(수리 카페, 부트 거리 자전거 정비소, 각 역사 내 자전거 정비소)[16]
- 주요 도로에 타이어 공기 주입기 설치[17]

덕분에 자전거 사용 환경이 더욱 쾌적해지고 있다.

오늘날 사람들은 네덜란드 바크피에츠bakfiets, 삼륜 자전거, 화물 자전거, 자전거 트레일러, 핸드 카트 등을 이용해 장을 보거나 아이들을 태우고 다닌다. 전기자전거 또한 큰 인기를 끌고 있다.

15 www.cycloparking.org/fr.
16 www.cyclo.org/fr/ateliers.
17 브뤼셀 이동수단 www.bruxellesmobilite.irisnet.be; 왈롱 이동수단 www.mobilite.wallonie.be.

벨기에에는 늘 비가 내리니 자전거를 탔다간 다 젖을까봐 걱정이라고? 당장 그 편견을 깨버리자! 벨기에에서 열 번 중 아홉 번은 비가 오지 않는다. 다시 말해 소나기를 만날 확률은 10%밖에 되지 않는다. 도시에서 18년간 자전거를 타본 경험상, 자전거를 타다 비에 흠뻑 젖은 횟수는 손에 꼽을 정도로 적다. 가끔은 출발 시간을 조금 조정하거나 www.buienrader.be에 접속해 강수 확률을 확인하고 우산을 챙기기도 한다.

또한 형광조끼, 헬멧, 장갑, 자전거 벨, 방수 바지, 질 좋은 상

저배출 가스 지역

WHO는 대기오염이 건강을 위협할 수 있다고 밝혔다. 뇌졸중, 심장질환, 폐암, 급성 폐질환, 특히 천식 발병률을 증가시키기 때문이다. 그래서 브뤼셀 및 유럽 여러 대도시에서는 '저배출 가스 지역Low Emissions Zones'에 공해 차량의 접근을 금지하는 정책을 시행하고 있다.

의와 같은 기본적인 장비에 조금만 투자하면 사시사철 준비 완료다.

실제로 위험하다는 이유로 자전거를 꺼릴 수도 있다. "그러다 도로에서 치여 죽는다", "운전자들은 정신 나간 것처럼 차를 몰아", "자전거에 아이를 태우는 건 너무 위험해." 과연 이런 걱정은 근거가 있는 걸까?

규칙적인 운동, 특히 자전거가 건강에 좋다는 사실은 널리 알려져 있다. 스코틀랜드 글래스고 대학교 연구진은 자전거를 타면 심폐지구력과 근력이 향상되고 암과 심혈관질환의 발병 위험을 절반이나 낮출 수 있다고 밝혔다. 심지어 공기가 오염된 도시에서 자전거를 타더라도 아주 예외적인 경우를 제외하고는 오염된 공기가 신체에 미치는 영향보다 자전거로 인한 건강상 이점이 훨씬 더 크다. 예를 들어 브뤼셀에서는 매

도시에서 1~5km 이내 거리를 이동할 경우 가장 빠른 교통수단은 바로 자전거다. 자동차는 시속 14km의 속력밖에 내지 못하는 반면 자전거는 시속 15km로 이동할 수 있다.

도시의 자전거 공유 서비스

파리, 런던, 로테르담, 브뤼셀(빌로Villo), 안트베르펜, 나무르(리 비아 벨로Li Bia Vélo) 등 유럽 도처에서 자전거를 빌릴 수 있다. 도시에서 짧은 거리를 이동하거나 대중교통과 함께 자전거를 이용하는 사람을 위한 편리한 서비스다. 또한 브뤼셀처럼 오르막도 내리막도 많은 도시에서는 빌리바이크Billy Bike, 오바이크oBike와 같은 전기자전거 공유 서비스가 아주 유용하다. 리에주시의 자전거 공유 서비스 벨로시테Vélocité는 자전거를 최저가로 대여해준다.

일 8시간, 리에주와 샤를루아에서는 14시간 동안 자전거를 탄다면 모를까, 그렇지 않다면 자전거로 인해 건강이 좋아졌으면 좋아졌지 나빠지지 않는다.[18]

벨기에 도로안전연구소가 발표한 2016년 연간 지표에 따르면 왈롱 지역 자전거 사고 횟수는 10년간 변동이 없었다. 브뤼셀의 경우, 비록 자전거 사고 부상자 수는 증가했지만 그보다 자전거 입문자 수가 더 빠르게 늘었다(30%). 즉 앞으로 자전거 인구가 더 많아지면 자동차 운전자들도 자전거와 함께 도로를 달리는 환경에 더 익숙해질 것이다.

오랜 기간 매일 자전거를 타면서 우리 가족은 벨기에의 자전거 정책이 이전과 달라졌다는 사실을 몸으로 체험하고 있다. 자

18 www.levif.be/actualite/sante/la-pollution-annule-t-elle-les-bienfaits-du-velo/article-normal-510367.html.

전거 허용 일방통행구역을 설치한 도시가 늘어나고 있는 것만 봐도 변화를 느낄 수 있다. 자전거 허용 일방통행구역이란 일부 일방통행 도로에서 자전거 이용자에게만 양방향 통행을 허용하기 위해 지정한 특별구역이다.

자전거 허용 일방통행구역 시행 초반에는 자동차 운전자들이 우리를 매서운 눈초리로 쏘아보곤 했다. 하지만 현재는 도로교통법에 명시된 조항 중 하나라는 사실이 널리 알려지면서 눈살을 찌푸리는 일이 줄었다. 자동차 운전자가 자전거 이용자를 배려하며 방어운전을 해야 한다면 자전거 이용자 또한 책임감을 가지고 도로교통법을 철저하게 준수해야만 한다. 자동차 운전자, 자전거 이용자, 보행자 모두가 양식 있는 시민으로서 도로에서 공생하는 법을 배워야만 한다.

자전거 이외에도 전동 및 수동 킥보드, 스케이트보드 또는 롤러스케이트 등 다양한 이동수단을 선택할 수 있다. 특히 걷기는 자타 공인 가장 저렴한 이동수단으로, 이산화탄소를 발생시키기는커녕 오히려 감소시킨다. 평균적으로 1km를 걸을 때 걸리는 시간은 단 16분으로, 도시에서 자가용을 몰 때와 비교하면 이산화탄소 배출량이 280g 더 적다.[19]

19 ADEME 자료

대중교통

장거리를 이동할 경우 최선의 선택지는 대중교통이다. 하지만 안타깝게도 벨기에에서는 대중교통이 효율적이고 이용하기 쉬운 교통수단이 아니다. 요금이 비싼 데다 일부 지역에서는 이용 자체가 불가능한 경우도 있기 때문이다.

대중교통 서비스 질 향상과 강력하고 지속가능한 교통 정책 수립을 위해 많은 노력을 기울이고 있지만 여전히 문제가 복잡하다.

그럼에도 불구하고 대중교통은 장점이 많다.

- 대기오염 물질 배출량이 매우 적다.
- 이동 시간을 활용할 수 있다. 책을 읽어도 되고, 일을 해도 되고, 휴식을 취해도 된다.
- 교통 체증이나 주차 때문에 스트레스를 받거나 화낼 일이 줄어든다.

카풀

출퇴근이나 장거리 이동 시 카풀을 이용하면 도로 위의 자동차 수도 줄이고 교통비도 크게 절약할 수 있다. 직장까지 거리가 20km라면 매일 카풀로 출근한다고 했을 때 연간 약 1,500유로를 버는 셈이다. 또한 카풀을 통해 사람들과 새로운 관계를 맺을 수도 있다.

도시 외곽에는 카풀 차량을 위한 파크 앤 라이드 주차장이 마련되어 있고 미국처럼 카풀 전용 차선을 도입한 국가도 있다.

카셰어링

교통체증이 점점 심해지고 대도시 주차난으로 인한 스트레스가 증가하면서 벨기에에서 카셰어링 또는 차량 공유 시장이 폭발적인 성장세를 보이고 있다.

카셰어링을 이용하면 상당한 비용을 절감할 수 있다. 하지만 카셰어링의 장점은 그게 다가 아니다. 카셰어링 서비스가 등장하면서 다양한 이동수단을 경험해볼 기회가 생겼고 차는 정말 필요할 때만 사용할 수 있게 됐다. 많은 경우, 대중교통 및 친환경 이동수단과 연계해 목적지까지 이동한다.

카셰어링 서비스 업체도 점점 다양해지고 있다.

- 일회성으로 자동차를 빌릴 수 있는 민간 카셰어링 업체로는 캉비오Cambio, 집카Zipcar, 위비코Ubeeqo 및 전기차 전문인 젠카Zencar가 있다.

알고 있나요? 차를 구매한 이후 평균적으로 차를 세워두는 시간이 90%라는 사실을?

- 위비Webee와 코지카Cozycar에서는 다수의 이용자 또는 이웃과 자동차를 공유할 수 있다. 두 업체는 차량 공유 서비스 외에도 이용자를 연결해주고 비용을 나눠 부담할 수 있는 서비스도 제공해 고객의 부담을 덜어준다.

차를 몰고 나갈 일이 거의 없거나 일주일에 며칠만 사용하는 경우, 차주는 카아미고CarAmigo, 드라이비Drivy, 타파즈Tapazz와 같은 업체를 통해 차량을 대여할 수 있다.[20]

전기자동차

그럼에도 불구하고 간혹 자가용이 필요할 때가 있다면 전기 자동차나 전기 스쿠터 등 전기 차량을 고려해볼 만하다. 충전식 배터리와 전기 모터가 장착되어 있는 전기 자동차는 100~200km 주행거리에서 본연의 성능을 발휘하며 대기오염물질을 배출하지 않는다. 또한 정숙한 주행 환경을 제공하고 유지보수가 용이하다는 장점이 있다.

그러나 아직 공급량이 충분하지 않은 데다 가격도 여전히 비싸다. 1회 충전 시 주행 가능거리가 짧고 충전소가 부족한 것도 전기 자동차 구매를 망설이게 만든다. 게다가 전기 자동차에 들

20 더 자세한 카풀 기능 분석: www.ecoconso.be/fr/content/autopartage-autostop-et-covoiturage.

어가는 배터리가 역설적으로 심각한 환경오염을 유발한다면?

수소 자동차 또한 아직 걸음마 단계지만 전기 자동차보다 1회 충전 주행 가능 거리가 길며 배출 가스로 오직 수증기만 내뿜는다. 수소 자동차가 과연 미래 자동차 산업의 중심이 될 수 있을까?

13 환경 영향이 적은 휴가 보내기

쓰레기 제로를 시작한 첫해, 우리 가족은 휴가 계획을 세우며 수많은 질문을 마주하게 됐다. 지금 살고 있는 곳에서는 모든 것이 익숙하고, 어디에 어떤 가게가 있는지 파악하고 있지만 다른 나라, 다른 집, 다른 장소에 가면 어떻게 해야 하는 걸까?

휴가는 쓰레기 제로를 실천하며 가장 어려웠고 여전히 어려운 문제 중 하나다. 하지만 마침내 우리 가족은 성공적인 해결책을 찾아내 최대한 쓰레기를 줄일 수 있었다.

교통

우리 가족은 아주 예외적인 경우에만 비행기를 탄다. 에너지 소비가 가장 큰 교통수단이기 때문이다. 장거리 또는 장기 체류

여행을 떠날 때만 비행기를 이용하는 것이 바람직하다.

보통 우리 가족은 자가용으로 여행을 한다. 네 식구가 한 차로 이동하기 때문에 여행 경비를 절감할 수 있다. 게다가 이동 거리가 1,200km 이상 이동하는 장거리 여행을 하는 경우가 거의 없다. 몇 년 전부터 우리는 자전거로 휴가를 떠나기 시작했다. 방데, 부르고뉴, 툴루즈, 보르도 등 다양한 도시를 방문하며 민간 숙소를 빌려 묵는 비앤비B&B를 이용하거나 캠핑을 했다. 가족과 함께 나눈 특별한 경험이었다.

이렇게 떠난 휴가에서 우리는 아주 느긋하게 새로운 경험을

블라블라카

블라블라카BlaBlaCar를 이용하면 카풀로 벨기에 밖 장거리 여행을 즐길 수 있다. 장거리 이동을 계획 중인 운전자는 웹 플랫폼을 통해 여행비용도 나누고 대화도 나눌 상대를 찾으며, 이동수단이 필요한 승객은 차량의 남는 자리를 제공받는다. 유료 버전 히치하이킹 서비스로 승객은 출발 전에 목적지까지 제시간에 도착하는 지 확인해볼 수 있다.

즐길 수 있었다. 모든 굴레에서 벗어나 그 순간 자연과 하나가 되는 감각은 정말이지 경이롭다. 그래서인지 휴가를 마치고 돌아와 정신없이 바쁜 일상에 다시 적응하기가 어려웠다.

기차 역시 훌륭한 이동수단이지만 환승 등 여러 가지 이유로 시간을 허비하는 일이 비일비재한 데다 보통 기차에 자전거를 싣고 타기가 여간 어려운 게 아니다. 자전거 여행자를 위해 자전거 도로를 정비하고 편의시설을 설치해놓은 국가는 소수에 불과하며 우리 가족의 경우 자전거 넉 대에 트레일러까지 한 대 끌고 여행을 다녔다.

게다가 가격 역시 큰 장벽이다. 비행기보다 기차가 더 비싸다니, 말이 되나? 하지만 어쩌면 몇 년 후에는 기차가 여행을 떠날 때 가장 선호하는 교통수단이 될지도 모를 일이다.

휴양지

어떤 휴양지를 선택하느냐에 따라 챙겨야 할 준비물도 달라진다. 집을 한 채 빌리고 자동차로 이동한다면 유리 용기에 기본 식품과 다양한 먹을거리를 담아가기만 하면 된다. 이런 경우 체류하는 동안 지역 시장이나 협동조합에서 쉽게 식료품을 조달할 수 있다.

캠핑 여행을 떠난다면 생각할 거리가 많아지는데, 자전거를 타고 이동한다면 일이 더욱 복잡해진다. 우선 음식이 얼마만큼 필요할지 잘 계산해봐야 한다. 과일과 채소는 돌아다니는 대로 여기저기서 구해 먹으면 되기 때문에 문제 될 게 없다. 하지만 건조식품은 얘기가 달라진다.

그래서 우리 가족은 항상 다음과 같은 식료품을 상비한다. 보통은 유리용기에 담지만 자전거를 탈 때는 천 주머니에 넣고 다닌다.

- 면
- 쌀
- 그래놀라 및 시리얼
- 카카오
- 차
- 설탕, 소금, 후추

- 올리브유
- 사과식초 작은 병
- 견과류 믹스
- 비스킷(틴 케이스나 유리병에 보관)
- 꿀

또한 우리 가족은 간단한 쓰레기 제로 여행 세트를 챙겨 다닌다.

- 물통
- 도시락통 또는 도시락 주머니
- 작은 간식 통
- 딸들을 위한 스테인리스 빨대
- 천 냅킨
- 피크닉 돗자리 겸용 천 식탁보
- 커틀러리 및 그릇
- 재활용 가능 컵
- 벌크 제품용 주머니 몇 개, 밀폐 유리병 등

휴양지 선정 또한 굉장히 중요하며 가는 곳에 따라 여행이 더 편해지기도 하고 힘들어지기도 한다. 지역 생산품과 지속가능한 소비를 추구하는 숙소에 묵거나 농가에서 캠핑을 한다면

그래! 나는 생분해될 테니까 됐고…
근데 옷은?
살 때 물어볼걸

치즈, 채소, 과일, 빵 등의 식료품을 포장 없이 구입할 수 있는 확률이 훨씬 높아진다. 우리는 우리가 추구하는 친환경적이고 지속가능한 가치와 부합하는 장소를 선호한다. 일부 휴양지에서는 환경에 미치는 영향을 최소화하기 위해 각별히 주의하고 물, 전기 등 자원을 절약한다. 캠핑장과 숙박시설 중에는 지속가능 인증 라벨을 획득한 곳도 있다.

벌크 매장

휴가를 보내며 쓰레기 제로를 실천하려면 앞을 내다볼 줄 알아야 한다. 충분한 시간을 들여서 휴가 동안 최대한 쓰레기를 만들지 않을 장소와 가게를 탐색하는 일이 그 무엇보다 중요하다. 다행히 인터넷 덕분에 검색이 아주 쉬워졌다. 인터넷에서 벌크 매장이나 쓰레기 제로 매장 또는 그 둘을 병행하는 가게의 주소, 시장 목록과 영업시간, 농가와 지역생산자들을 찾을 수 있다. 우리 가족은 휴양지에서 가까운 유기농 매장도 파악해둔다.

프랑스의 콩소브라크닷컴Consovrac.com, 영국의 벌크 핀더Bulk Finder와 같은 스마트폰 애플리케이션을 통해 프랑스 및 다른 국가들의 가게 위치 지도를 확인할 수도 있다.

가방 미니멀리즘

가족 휴가를 떠날 때마다 가져갈 옷가지와 짐을 줄이는 게 내 숙제다. 여행을 마치고 돌아올 때마다 물건을 너무 많이 가져갔다고 후회하기 때문이다.

우리 가족이 2주간 여행을 떠날 때 가져가는 물건은 대략 다음과 같다.

- 파우치 안 내용물
  - 고체 비누. 머리카락과 몸을 씻을 때, 그리고 설거지할 때도 사용할 수 있다. 우리 가족은 리드죄Lîdjeu의 유명한 '산행자 비누'를 사용한다.
  - 칫솔, 집에서 직접 만든 가루 치약 한 통
  - 식물성 오일(코코넛, 땅콩 혹은 찬장에서 꺼내 온 올리브오일), 피부 보습 및 일광화상 치료용 알로에 베라 젤
  - 자외선 차단제. 자외선 차단제만큼은 아직 직접 만들어 쓰지 못하고 있다. 현재는 미세 플라스틱 및 화학 필터를 포함하지 않은 미네랄 자외선 차단제를 사서 쓰고 있다.
  - 집에서 가져온 남성용 면도 도구
  - 제모용 족집게와 손톱깎이
  - 제라늄 증류수 한 병
  - 에센셜 오일과 식물성 오일로 만든 천연 모기 퇴치제 스

프레이

- 알로에 베라와 에센셜 오일로 만든 홈메이드 롤온 타입 모기물림 치료제. 5장 〈직접 만들어 보는 쓰레기 제로 라이프〉에 만드는 방법이 나와 있다.

• 옷: 여행 장소와 체류 기간을 고려해서 챙긴다. 여행 일정이 6일이라면 티셔츠를 8벌이나 가져갈 필요는 없다. 대부분 짐을 쌀 때 생각했던 것과 달리 실제로 입는 옷은 훨씬 더 적을 테니까. 필요하다면 여행 중 간단하게 빨래를 할 수도 있다.

• 신발: 계절에 맞게 가져간다. 개인적으로 조깅, 등산, 산책할 때 모두 신을 수 있는 트레일 러닝화를 선호한다. 샌들은 실내화로 사용할 수도 있고 물에 들어갈 때도 신을 수 있다.

• 에센셜 오일 파우치: 각종 자잘한 질병 및 생채기 치료용으로 박하, 라빈트사라, 티트리, 임모텔, 트루 라벤더, 스파이크 라벤더, 윈터그린 및 레몬 유칼립투스 에센셜 오일을 가지고 다닌다.

14 오늘 저녁은 외식

한 가지 짚고 넘어가자. 우리 가족은 여전히 가끔씩 외식을 한다. 하지만 우리 삶의 철학과 부합하는 식당을 고른다. 제철 재료로 지역 음식을 만드는 소규모 식당들이 번창하길! 우리 가족에게 갖가지 패스트푸드점과 거기에서 나오는 쓰레기 더미는 이제 먼 과거의 추억으로만 남아 있을 뿐이다.

오늘날 우리 가족은 채소가 맛있고, 고품격 요리를 맛볼 수 있으며, 일회용품을 사용하지 않는 음식점에서 식사를 한다. 언제나 모든 게 장밋빛은 아니다. 천만의 말씀이다. 아직도 주기적으로 천 냅킨과 유리컵을 사용하지 않는 음식점에 가게 되는 경우가 많다. 이럴 때는 마음을 가라앉힌 다음, 가능한 한 쓰레기를 가장 덜 배출하도록 신경 쓰고, 그 식당에 다시 가야 할 일이 생기면 우리의 '쓰레기 제로 식당' 세트를 가지고 간다!

'쓰레기 제로 식당' 세트

외식할 때 우리 가족은 환경에 아주 심각한 영향을 미치는 쓰레기를 거절하기 위해 간단한 도구를 종종 챙긴다.

스테인리스 빨대를 구입한 후 아이들은 식사를 주문할 때 직원에게 빨대를 자랑스럽게 보여주는 걸 즐긴다. 심지어 이렇게 말하기도 한다. "빨대 안 주셔도 괜찮아요. 저희 것이 따로 있거든요!" 자부심을 가질 만하다. 아이들은 이 작은 행동으로 자신들이 바다에 창궐하는 빨대 재앙에 맞서 해양 동물들을 끔찍한 고통에서 구하고 있다는 사실을 잘 알고 있다. 해양동물의 기도를 막아 죽음에 이르게 만드는 빨대 쓰레기의 가장 큰 피해자는 바로 바다거북이다.

재사용이 가능한 빨대 중에는 대나무나 유리로 만든 것도 있다.

우리 가족은 **천 냅킨**을 조금 비축해두고 집에서도 사용하고 음식점에도 챙겨 간다. 아직도 대부분의 경우 음식점에 가면 기

레스토팩

남은 음식을 포장해가는 건 아직까지 벨기에 사람들에게 낯선 문화지만 얼마전부터 왈롱과 브뤼셀에 새로운 바람이 불고 있다. 바로 레스토팩이다. 레스토팩은 식당 주인이 고객이 먹고 남은 음식을 담아주는 종이 상자다. 매장 쇼윈도에 붙어 있는 스티커로 이 새로운 흐름에 동참하는 식당을 알아볼 수 있다. 더 이상 도기백을 부탁하며 타인의 시선을 두려워할 필요 없다!

계적으로 또는 습관적으로 우리에게 종이 냅킨을 가져다준다. 이럴 때도 우리는 가져온 천 냅킨을 사용하고 종업원에게 우리가 추구하는 목표를 설명하며 종이 냅킨을 돌려준다.

공교롭게도 천 냅킨을 깜빡한 경우에는 그저 종이 냅킨을 사용하지 않으면 된다. 깨끗하게 먹고(가능하다!), 식사를 마친 후 손과 입을 씻으러 가야 할지라도 이편이 낫다.

낭비하지 않도록 주의를 기울여야 한다는 게 우리 부부의 교육 철학 중 하나다. 그러므로 외식을 할 때면 다음 규칙을 염두에 둔다. 나중에 추가로 더 주문하더라도 필요한 것 이상으로는 시키지 않는다. 하지만 주문한 음식의 양이 얼마나 될지 알아맞히는 게 쉬운 일은 아니다. 그래서 우리는 **통**이나 **유리 용기**를 챙겨간다. 혹시 **음식이 남으면** 집에 싸가지고 와서 그다음 날 먹는다.

포장 용기로 쓸 만한 게 없을 경우에는 천 냅킨에 쿠키 조각, 크루아상, 먹다 남긴 샌드위치 등을 싸간다.

알고 있나요? 미국에서 하루에 소비되는 플라스틱 빨대의 수는 5억 개로, 한 줄로 이으면 지구 둘레 두 바퀴 반을 돌 수 있는 양이라는 사실을? 국제해양환경단체인 해양보존센터의 연구에 따르면 플라스틱 빨대는 유럽 해안에서 다섯 번째로 많이 수거되는 쓰레기라는 사실을?

테이크아웃하실 건가요, 매장에서 드실 건가요?

바로 그게 문제다. 매장에서 식사하면 쓰레기를 관리하기 쉽지만 배달 주문을 하면 일이 복잡해진다. 음식을 배달하려면 식당으로선 포장 용기가 필요할 테니 말이다. 단언컨대, 플라스틱이나 알루미늄 또는 스티로폼 용기에 배달될 것이다.

이러한 상황을 타개하기 위해서는 다르게 대처해야 한다.

- 가능하다면 상자로 된 용기나 재사용 가능한 용기를 보내달라고 음식점에 요구한다.
- 매장으로 직접 가서 가져간 용기에 담아달라고 부탁한다.

이렇게 하면 배달 요리의 장점이 현저하게 줄어든다. 맞는 말이다. 배달시키려는 건 한마디로 움직이기 싫어서다. 하지만 쓰레기 주도권을 잡고 싶다면 이 정도 값은 치러야 한다!

Keep cool!

혼자든, 가족끼리든, 친구와 함께든 간에 음식점에 가는 것은 즐거운 일이다. 따라서 쓰레기가 생산된다고 하더라도 신경을 너무 곤두세울 필요는 없다. 중요한 건 가벼운 분위기에서 함께 시간을 즐기는 것이다. 대체로 밖에서보다 집에서 쓰레기를 관리하는 게 더 쉽다. 우리 가족은 집에서 생산되는 쓰레기를 완벽하게 통제하고 있다.

쓰레기 제로 운동을 통해 새로운 물결이 일기 시작했다. 쓰레기 제로, 낭비 제로를 추구하는 카페, 음식점, 구내식당이 생기고 있다. 상황이 바뀌고 있으며 동시에 진화하는 중이다.

미친 소리처럼 들리겠지만 음식점에서 식사하면 환경 발자국을 줄일 수 있으니 안심해도 좋다. 고급 음식점에서 식사할 때는 걱정을 내려놓자. 공급망을 최적으로 관리해 식재료 낭비가 거의 없을 것이고, 우수한 식료품을 취급하는 시장에서 벌크로 대량 구매할 테니 제품이 거의 포장되어 있지 않을 것이고, 한 번에 여러 음식을 요리하기 때문에 에너지 소비도 적을 것이다. 이렇게 생각하면 죄책감을 조금 덜 수 있다!

15 친환경적으로 여가 즐기기

쓰레기 제로로 향하는 길은 언제나 즐거워야 한다. 쓰레기 제로 라이프는 모든 걸 거부하거나 자기 안에 틀어박혀 더 이상 그 어떤 사회적 교류도 없이 살아간다는 의미가 아니다. 오히려 정반대다!

활동

활동과 지향하는 목표 사이에 일관성이 있어야 한다. 다시 말해 우리가 가진 습관을 어느정도 바꿔야 한다. 그렇다고 즐거움이 반감되는 것은 아니다.

예시

- 아이스크림을 컵에 담아 플라스틱 숟가락으로 떠먹는 것보다는 콘에 담아 먹는다. 물론 종이 냅킨도 사용하지 않는다.
- 영화관에 갈 때는 비닐 포장된 팝콘을 사지 않고 박스나 천 주머니를 가져가 팝콘을 담아 먹는다.
- 소풍 갈 때는 일회용 접시나 식기류 대신 재사용 가능한 유리 접시나 식기류를 챙긴다.

간단한 만들기와 재봉

만들기와 재봉은 내 취미다. 나는 유리병으로 만든 조명, 나무 팔레트로 만든 가구, 상자로 만든 물건 등 재활용 재료로 새로운 물건 만드는 걸 좋아한다. 재봉도 좋아하는 일 중 하나다. 인테리어 장식 용품, 가족들 옷, 아이들 옷, 출산 선물 등을 만든다.

나는 간단한 도구와 기계를 장만해 조심스럽게 사용하고 있다. 새로운 도구가 필요할 때는 주로 중고제품을 사거나 빌리는 편이지만 신제품을 사는 경우에는 품질을 따지고 보증기간이 긴 제품을 선택한다.

내가 가지고 있는 대부분의 재료는 쓰레기 제로를 시작하기 전부터 보관하고 있던 것으로, 낡은 옷과 물건에서 재활용 할 수 있는 것과 나중에 쓸만 한 재료는 따로 소중하게 보관하고 있다. 스웨터에서 빠진 실, 구멍 난 식탁보, 단추가 내게는 보물이다.

가끔 새 원단을 구매할 경우에는 친환경 원단이나 에코 텍스 라벨이 붙은 원단을 선택한다. 또한 업사이클링 센터에서 천을 구하기도 하고 지인들에게서 받기도 한다.

친구들과의 저녁 모임

우리는 친구를 집에 초대해 근사한 식사, 훌륭한 술, 맛있는 디저트를 대접하는 걸 좋아한다. 모든 음식에는 쓰레기 제로라는 양념이 곁들여 있다.

- 공동구매한 채소로 제철 지역 요리를 만든다. 때에 따라 벌크로 구매하거나 지역 생산자에게서 구매한 식재료를 더한다.
- 와인을 벌크로 구입하고, 보증금 반환 대상 병에 들어 있는 맥주를 산다. 손님들이 정기적으로 와인을 가져오곤 하는데, 그럴 때는 지하실에서 숙성되길 기다리지 않고 그 자리에서 바로 개봉한다. 이따금 보증금 반환 대상이 아닌 병을 구입하기도 하는데, 특별히 모히토를 만들기 위해서다!

믹스보틀은 어떤 선물일까?

'믹스 보틀'은 모두의 마음을 사로잡는 아주 독특한 선물이다. 주스 병처럼 주둥이가 크고 밀폐 가능한 병 안에 레시피에 필요한 여러 재료를 층층이 쌓아 올리고 레시피를 적은 작은 라벨을 병에 붙이기만 하면 완성이다.

'쿠키 보틀' 레시피

- 병에 베이킹파우더 1티스푼을 섞은 밀가루 150g, 설탕 85g, 초콜릿 칩 100g을 차례로 붓는다.
- 만들기: 병에 든 내용물을 커다란 용기에 붓고, 달걀, 녹인 버터 85g, 소금 1/2티스푼을 넣는다. 기호에 따라 호두, 포도, 코코넛을 추가한다. 한데 섞은 뒤 20분 동안 냉장고에 넣어둔다. 반죽을 동그랗게 뭉친 다음 납작하게 눌러주고 버터를 바르거나 유산지를 깐 오븐 팬 위에 올린다. 오븐을 180℃로 예열한 다음, 성능에 따라 8~10분 동안 굽는다.

• 식전주에 곁들이는 안주로 간단한 홈메이드 요리를 준비한다. 단골 안주인 감자칩 대신 후무스, 과카몰레, 당근, 콜리플라워, 방울토마토, 짭짤한 견과류로 완벽한 한 상을 차릴 수 있다.
• 만약 감자 칩이 먹고 싶으면 당근, 감자, 비트 껍질로 직접 낭비없는 안주를 만든다.
• 우리 집 식탁은 천으로 만든 식탁보와 냅킨, 레트로 식기로 아름답게 장식되어 있다.
• 혹시 친구들이 식탁을 풍성하게 만들어줄 음식을 포장해 온다고 하더라도 우리 가족의 삶을 잘 이해하고 있는 사람들이기 때문에 포장재를 다시 가지고 가 달라는 부탁을 흔쾌히 들어줄 것이다.

만약 스페니쉬 아파트먼트[21]에 나오는 곳에 사는 친구 집에 초대받는다면 우리는 재사용 가능한 용기에 홈메이드 요리를 담아 갈 것이다. 우리 가족은 전통적인 초대 선물인 와인 대신 알로에 베라 화분, 비스킷, 재활용 천으로 만든 타르트 주머니, 텃밭에서 갓 수확한 허브 다발, 또는 믹스 보틀 등 직접 만든 선물을 준다. 때로는 동네 초콜릿 가게에서 프랄린을 사서 재사용 가능한 유리병에 담아 간다. 이 선물을 싫어할 사람이 있을까?

21 유럽 각국에서 스페인으로 교환학생을 온 청년들이 쉐어하우스에서 함께 생활하는 모습을 담은 프랑스 청춘 영화.—옮긴이

스포츠 활동에 쓰레기 제로를?

스포츠 활동과 쓰레기 제로는 양립할 수 있을까? 운동 매니아인 우리가족에게 궁금할 법한 질문이다. 제로 카라비스투유 가족의 가장인 남편은 철인 3종 경기를 뛰고, 두 딸은 수영, 암벽등반, 자전거 등의 운동을 하며, 나는 달리고 수영하고 자전거를 탄다.

스포츠 활동과 관련해 쓰레기 제로 종합 평가에서 우리 가족은 좋은 점수를 얻기 어렵다. 특히 물질적인 면에서 말이다. 조깅용 운동화의 경우 발에 맞지 않으면 뼈에 문제가 생길 수 있기 때문에 새 제품을 구매하지 않을 수가 없다. 게다가 자전거 바퀴에 구멍이 나거나 마모되면 안전을 위해서라도 교체해야 한다. 그러나 접착 고무만 있으면 충분히 수리가 가능할 때도 있다.

쓰레기 제로를 어디까지 적용할 수 있을까? 시계, 턱걸이 기구, 러닝머신, 자전거, 등산화, 라켓을 중고로 구입하는 것뿐만 아니라 식품보조제도 쓰레기 제로의 영향에서 벗어날 수 없다. 예를 들어 프로테인 시리얼 바 대신 바나나와 건조 과일을 먹고 에너지 볼과 시리얼 바를 직접 만들 수도 있다. 에너지 음료 대신 물에 꿀, 레몬, 소금 한 꼬집을 넣어 마신다.

티셔츠가 벌크 구매용 천 주머니가 되듯, 쓰레기를 새로운 재료라고 생각하면 쓰레기를 줄일 수 있다. 신발을 모으다가 낡았지만 아직 상태가 괜찮은 조깅 운동화를 발견하면 이 운동화에 새로운 삶을 부여해 주기도 한다.

물품 재사용 관련 산업을 통해 사용한 흔적이 거의 없는 물건을 찾을 때도 있다. 충동적으로 또는 새해 다짐으로 많은 사람이 운동을 시작하지만 끈기 있게 하지 못하거나 시작한 지 얼마 되지도 않아 성능이 더 뛰어난 스포츠 용품을 갖추려고 한다. 프랑스 수도권 지역인 마시에는 스포츠 재활용품점이 있다. 상태가 좋은 물품은 판매되지만 수리가 불가능한 경우에는 다른 제품을 수리할 때 부품으로 사용된다. 벨기에 장블루에 문을 연 적십자 스포츠 의류 나눔 센터는 오직 중고 의류 및 스포츠 용품(성인용 및 어린이용)만 전문으로 취급한다.

또한 경기 및 스포츠 행사 때마다 뿌려대는 스포츠 액세서리 및 홍보 용품에 그만이라고 외칠 수 있어야 한다. 경주용 티셔츠를 새로 마련하면 이전에 입던 티셔츠는 의류 수거함으로 보내거나 장보기용 에코백 및 수세미로 변신시켜 사용할 수도 있다.

갑작스럽게 부모님이 방문하셨을 때

우리 부모님은 프랑스 남부 지방, 좀 더 정확히 말하자면 프랑스 세벤에서 햇살을 만끽하며 노년을 보내기로 하셨다. 부모님의 이런 결정으로 인해 우리 가족의 삶이 크게 변했는데, 쓰레기 제로라는 새로운 생활방식을 실천하기 시작하면서부터 더 많은 것이 바뀌었다.

우리 가족은 1년에 한두 번 부모님을 찾아뵙고, 부모님은 가끔 우리를 보러 오셨다. 이런 경험을 통해 우리는 학교에서부터 배워온 '더불어 사는 삶'이 어떤 이점이 있고 어떤 불편함이 있는지 다시금 알게 되었다.

생일에는 물질적인 선물보다 함께 시간을 보내는 데 더 집중했다.

오랜만에 가족을 다시 만나면 반갑기 마련이다. 하지만 타인과 함께 살아오면서 모든 사람이 우리 가족과 같은 삶의 방식을 추구하지는 않는다는 사실을 깨달았다. 모두가 쓰레기 제로를 실천하며 살지는 않으며 오히려 정반대인 경우가 많다. 물론 다른 사람의 삶을 평가하려는 의도는 전혀 없다. 몇 년이 흐르고 우리 가족은 한 사람의 이상향이 다른 사람의 지옥이 되지 않기 위한 타협점을 찾을 수 있었다.

부모님 댁을 방문할 때면 우리 가족은 부모님의 생활방식에 (다시) 맞춰 생활했다. 우리는 부모님 댁에 방문한 손님이기 때문에 집주인인 부모님의 뜻대로 장을 보고 식사를 준비하는 건 당연한 일이었다. 만약 참고 넘어갈 수 없는 부분이 있으면 부모님과 함께 상의해 가능한 대안을 찾고 이 방법 때문에 부모님께서 불편을 느끼시지 않도록 신경 썼다.

부모님이 우리 집에 오시면 대부분 초반에 의견을 조정하는 데 조금 더 어려움을 겪는 편이다. 부모님은 프랑스에서 구할 수 없는 물건을 벨기에에서 구입해 돌아가고 싶어 하신다. 그러면 대체로 우리 집에 오랫동안 본 적 없던 어마어마한 양의 쓰레기 산이 생기곤 한다.

부모님의 마음은 충분히 이해할 수 있지만 우리 가족으로서는 타협안을 찾아 쓰레기통에서 넘친 쓰레기가 삐져나오는 일을 반드시 막아야 한다. 이토록 짧은 기간에 우리 집 쓰레기통에 이렇게나 많은 플라스틱 쓰레기가 쌓인 적은 많지 않다. 그래서 부모님께서 우리 집으로 오시는 경우, 부모님의 쓰레기통과 우리 가족 전용 쓰레기통을 따로 마련해두곤 한다.

흥미롭게도 우리와 만나면서 부모님의 삶 또한 조금씩 바뀌었다. 어머니는 다시 채소 병조림을 해먹고, 과일을 졸여 잼을 만들고, 때때로 지역 소농가에서 농산품을 구매하기 시작하셨다. 예를 들어 크리스마스에는 온 가족이 일본 전통 보자기 후로시키나 재생 포장지로 선물을 포장했다. 요즘에는 다들 생일에 물질적인 선물보다는 체험 선물을 받고 싶어 한다.

16 털북숭이 키우기

물론 여기서 털북숭이는 우리 집 유일한 남성인 남편이 아니라 네 발의 작고 깜찍한 우리 반려동물을 가리키는 것이다. 우리 집 삼색 고양이 날라는 약 18년 동안 우리와 고락을 같이한 가족의 일부였다. 더 이상 쓰레기를 만들지 말자고 결심하고 나서 얼마 지나지 않아 고양이를 키우면서 이 목표를 달성하는 게 쉬운 일이 아니라는 사실을 깨달았다. 하지만 우리가 도전을 결심하기 전부터 우리와 함께한 날라는 나이가 들면서 동물병원에서 파는 아주 비싼 고양이용 주식 파우치 외에 다른 먹이는 거부했다.

또한 야외에서 자유롭게 볼일을 보는 대신 고양이용 화장실을 이용했다.

이후 날라는 무지개 다리를 건넜다. 정말 마음이 찢어지는 줄 알았다. 몇 달 고민한 끝에 우리 가족은 반려동물 없이는 더 이

상 살 수 없다는 결론에 이르렀다. 그래서 새로운 친구 마키를 가족으로 받아들였다.

집에서 고양이, 개, 설치류 등 반려동물을 키울 때 어떻게 해야 쓰레기를 덜 생산할 수 있을까?

먹이

가공식품은 인간에게도 반려동물에게도 좋지 않다. 그렇지만 늘 반려동물에게 수제 먹이를 만들어주기란 불가능하다!

육식동물인 고양이는 식단에서 육류와 단백질의 비중이 25%는 돼야 한다. 또한 타우린, 비타민 B12, 아라키돈산 등 여러 영양소를 섭취해야 하며 나이, 생활방식, 활동량에 따라 식단이 달라야 한다. 고양이의 식단은 인간의 식단과 매우 다르다. 따라서 적합한 식이요법이 무엇인지 제대로 알아보는 게 좋다.

고양이 먹이를 직접 만들 때의 장점은 포장 쓰레기를 줄일 수 있을 뿐만 아니라 심지어 쓰레기가 만들어질 일이 없다는 데 있다. 이는 쓰레기 제로 정신과 일맥 상통한다. 건조 사료를 급여한다면 품질을 신중하게 따져야 한다. 이 경우 수분 섭취에 각별히 신경쓰지 않으면 탈수 증상을 겪을 수도 있다. 안타깝게도 사료는 항상 플라스틱 백에 담겨 배달된다. 그래야 오랫동안 신선하게 보관할 수 있는 것 같다. 어디에서나 쉽게 찾을 수 있는 것은 아니지만 벌크로 판매하거나 재활용 가능한 종이 두 겹으로 포장된 사료도 있다. 집에 재활용 불가능한 쓰레기 산을 만들고 싶은 게 아니라면 고양이 습식 파우치는 피해야 한다.

반려견 먹이 또한 집에서 직접 만들 수 있다. 쌀, 고기, 채소로 일정 분량을 미리 만들어놓으면 걱정할 게 없다. 우선 반려견에게 필요한 영양소를 검색해보고 품질 좋은 제품을 선택해야 한다. 어떤 식단은 반려견에게 고기, 뼈, 달걀을 날것으로 급여하길 권장한다. 식용유나 소금을 사용하지 않고 찌거나 구워서 익힌 먹이를 주는 경우도 있다.

왜인지는 알 수 없지만 반려묘용 건식사료와 다르게 반려견용 건식사료는 벌크로 판매하거나 이중 종이 포장이 된 제품을 찾기 쉬운 편이다. 대형 업체에서 다양한 상품을 판매하고 있다.

반려동물이 고양이든 개든 가장 중요한 건 건사료와 수제 습식 사료를 섞어 식단을 다양하게 구성해주는 것이다.

고양이 화장실 모래와 배설물

톱밥이나 건초를 깔아주면 친환경적이고 품질이 우수한 고양이 화장실이 완성된다. 이 제품들은 악취가 없고, 생분해되며, 재활용 종이팩에 들어 있다. 우리 집에서는 정원에 있는 퇴비통에 넣는데, 퇴비의 습도, 탄소/질소 균형을 맞추려고 노력한다. 이 퇴비는 우리 집 식물을 위한 것으로 절대 텃밭에는 쓰지 않는다. 그렇지 않으면 이 식물성 고양이 모래를 꽃과 작은 나무 발치에 유기물 비료로 흩뿌려줄 수도 있다. 시간이 지나면 자연 분해되며 겨울철에 좋은 보호막이 되어줄 것이다.

재활용 종이로 만든 고양이 화장실 모래도 마찬가지로 퇴비통에 버리면 된다.

가장 좋은 방법은 고양이가 정원이나 근처 밭에 볼일을 보는 것이다. 개도 마찬가지다. 반려동물에게 나무 밑, 작은 나무 사이, 낙엽 아래 등 외진 구역에서 배변 활동을 하도록 가르쳐야 한다. 그래야 배설물이 보이지 않고 자연스럽게 분해될 수 있어 그 누구도 불쾌해 할 일이 없다.

재활용 종이로 만든 고양이 화장실 모래도 있는데, 퇴비통에 버리면 된다.

도시에는 강아지 배설물을 치울 수 있도록 배변 봉투함이 설치되어 있다. 썩지 않는 봉투에 유기물 쓰레기를 넣고 밀봉하는 것이다. 나와는 상관 없는 얘기지만 반려동물의 배설물을 치우지 않으면 법적으로 처벌받을 수도 있다. 하지만 비닐봉지 대신 종이봉투처럼 더 친환경적인 용품을 사용하도록 권장할 수 있지 않을까?

장난감과 액세서리

업사이클링과 DIY로 귀여운 털북숭이들에게 재미있는 장난감을 만들어줄 수 있다. 블로그나 인터넷 사이트에는 아기 고양이용 털실 공, 나무 팔레트로 만든 캣 타워, 실타래 로프공, 휴지 심으로 만드는 햄스터용 장난감 등 재활용 재료나 천연재료로 자신만의 장난감을 만드는 독특한 아이디어가 무궁무진하다.

더 저렴하다는 장점도 있지만, 반려동물이 쓸 장난감을 직접 만들어 보면서 더이상 사용하지 않는 물건에 새로운 삶을 부여해 주는 건 그 자체로 즐거운 일이다.

17 쓰레기 제로 사무실

사무실에서 배출되는 첫 번째이자 무시할 수 없는 쓰레기는 이메일이다. 오늘날 화이트칼라 직업군의 주요 업무 도구는 컴퓨터다. 인쇄물을 (거의) 생산하지 않으니 환경에 좋을 것이라 생각하겠지만 사실 믿기지 않는 양의 전자 폐기물을 생산하고 있다.

전자 폐기물은 대기에 방출되는 이산화탄소량뿐만 아니라 전자 무게로도 측정 가능하다. 데이터를 교환하고 이메일을 저장하려면 케이블, 서버 그리고 많은 에너지가 필요하다. 따라서 이메일을 오래 보관할수록 환경에 미치는 영향이 커진다. 하지만 이 문제에 대한 인식이 턱없이 부족하다.

전자 폐기물은 우리가 살고 있는 첨단기술 사회에 매우 큰 영향을 미친다. 거의 대부분 먼 이국땅으로 보내져 그곳을 세계의 쓰레기장으로 만들어버린다.

가상 쓰레기, 어떻게 하면 줄일 수 있을까?

비교적 간단한 5가지 방법을 통해 전자 쓰레기를 확실하게 줄일 수 있다.

알고 있나요? 1Mb 용량의 이메일을 전송할 때 이산화탄소 15g이 발생한다는 사실을? 그리고 파일을 첨부하면 보내는 사람의 수에 따라 결과적으로 이 수치가 증가한다는 사실도?
예를 들어 매일 두 명에게 1Mb 용량의 이메일 33통을 보낸다면 연간 배출되는 이산화탄소량은 180kg에 달합니다. 이는 자동차로 1,000km를 주행할 때 배출되는 이산화탄소량과 맞먹는 수준입니다.•

• ADEME 자료

- 정기적으로 이메일함을 비우고 중요한 메일만 남겨놓는다.
- 데이터는 컴퓨터보다 클라우드에 저장한다. 필요한 경우, 외장 하드 디스크에 때때로 백업한다.
- 첨부파일 전송을 줄인다.
- 보내는 사람을 너무 많이 추가하지 않는다.
- 걸핏하면 구글에 검색하는 일을 자제하고 더욱 친환경적인 검색 엔진을 애용한다. 예를 들어 에코시아Ecosia는 검색 횟수가 쌓이면 나무를 심어주고, 릴로Lilo는 친환경 프로젝트를 지원한다.

많은 사람에게 이메일을 보내거나 파일을 첨부하기 전에 자기 자신에게 다음과 같은 질문을 꼭 해보자. '진짜로 필요할까?'

그러면 나머지는?

앞서 언급된 행동 외에 사무실에서 쓰레기를 생산하지 않기 위해 내가 매일같이 하는 일이 10가지 정도 있다.

- 꼭 필요할 때 외에는 공연히 인쇄하지 않는다.
- 절대적으로 인쇄해야 할 때는 '한 용지에 두 쪽 인쇄하기'를 선택한다. 인쇄물은 버리지 않고 집으로 가져가 아이들이 뒷면에 그림을 그릴 수 있게 한다.
- 환경을 오염시키는 일회용 제품보다는 연필과 형광 색연필을 사용한다.
- 포스트잇을 더 이상 사용하지 않는다.
- 매주 메일함을 정리하고 필요한 메일만 남겨둔다.
- 더 이상 명함을 만들지 않는다.
- 종이 수첩에 작별을 고한다. 스마트폰은 환경적으로 막대한 영향을 미치긴 하지만 수첩으로 사용할 수 있다는 장점이 있다.
- 스테인리스 도시락 통에 점심을 싸가지고 다닌다.
- 물은 스테인리스 물병에 담아서 마시고 벌크로 차를 구매하며 재사용 가능한 찻잔을 사용한다.
- 간단한 식사, 간식, 지역에서 난 제철 과일을 재사용 가능한 통에 담아 가지고 다닌다.

18 친환경 리모델링

이 장에서 거주지 리모델링의 모든 양상을 다루지는 않는다(제대로 다루려면 책 한 권은 필요할 테니). 하지만 쓰레기 제로와 관련해 우리 집을 리모델링할 때 유용했던 몇 가지 팁을 제안하려 한다.

리모델링과 관련해 쓰레기 제로는 건물을 해체하면서 발생하는 수많은 쓰레기에만 국한되지 않고 더 넓은 영역을 포괄한다. 새로운 자재를 구매하고, 일반적인, 즉 친환경적이지 않은 자재를 선택하면 탄소 발자국과 자재 생산에 필요한 이산화탄소를 현저하게 증가시킬 수 있다. 이러한 자재를 사용해서 생기는 쓰레기와 환경 및 건강에 미치는 영향에 대해서는 더 말할 것도 없다.

집을 리모델링할 때 우리 가족의 최우선 사항은 천연 자재, 지속 가능한 자재, 재활용 자재를 사용하는 것이었다.

건축업자 선택

리모델링에 착수할 때 가장 중요한 단계는 바로 건축업자 선정이다.

시간을 들여 건축업자와 서로 잘 통하는지, 리모델링하려는 분야의 전문가인지 파악해야 한다. 그리고 건축업자가 친환경 자재 및 재활용 자재로 작업할 의향이 있는지 꼭 확인 작업을 거쳐야 한다. 이런 유형의 자재를 사용해달라는 요구가 점점 증가하는 추세이기는 하나 일반적이지는 않다. 전문지식이 필요할뿐더러 작업 또한 더욱 복잡해질 수 있기 때문이다. 때때로 일반적인 자재를 사용할 때보다 더 많은 작업시간이 걸리기도 한다.

자재

자재를 선택할 때 우리 가족은 우선 우리 집에 어떤 자재가 쓰였는지 검토했다. 나무문, 쇠시리 장식이 된 새시, 소나무 바닥, 멋진 빈티지 타일까지……. 시중에 판매하는 자재보다 더욱 근사하고 대체로 품질 또한 훨씬 뛰어나다. 정성과 창의력을 쏟아부으면 새 생명을 불어넣을 수 있다.

기존에 쓰고 있던 자재를 활용하기 위해 우리 가족이 취한 행동을 일부 소개하면 다음과 같다.

- 나무로 된 문과 틀의 표면을 연마하고, 광택을 낸 다음 천연 오일을 바른다.
- 모든 장판에 윤을 낸다.
- 계단통의 표면을 연마하고 광택을 낸다.
- 빈티지 타일을 보수한다.

• 천장 몰딩을 보수한다.
• 주철 라디에이터 표면을 연마하고 니스 처리를 한다.
• 이중유리를 설치해 나무 창틀을 보수한다.

우리 가족은 인건비를 절약하기 위해 많은 작업을 직접 했다. 오래된 집에 새로운 영혼을 부여하려면 의욕과 인내심이 필요하다! 부족한 자재를 보충해야하는데 새 자재는 사고싶지 않아서 건축 폐기물에 관심을 가졌고, 거기에서 진정한 노다지를 발견했다. 꼼꼼히 살핀 덕분에 멋진 레트로 타일과 빈티지 나무문을 구한 것이다. 진흙 속에서 진주를 찾아내기 위해선 인내할 줄도 알아야 한다.

이외에 다른 자재는 새로 구입했다. 지붕과 후벽 단열에 목모wood wool, 천장과 바닥 단열에 셀룰로스와 포름알데히드 무첨가 OSB 에코 합판, 페르마셀, 친환경 석고보드, 친환경 페인트, 천연 니스, 지역 내에서 수확한 떡갈나무 등 대부분 친환경 자재를 우선적으로 선택했다. 또한 천장 시공에는 점토를, 바닥 시공에는 코르크 바닥재를 사용했다.

시간을 투자해 좋은 자재를 고르면 이후에 예기치 못한 일로 불편을 겪지 않아도 된다. 친환경 자재는 대부분 일반 자재보다 10~20% 더 비싸지만 보조금을 더 많이 받을 수 있기 때문에 가격차이를 상쇄할 수 있다.

친환경 자재를 사용하는 이유는 지구를 위해서이기도 하지

만 주거 공간을 안락하게 만들어주기 때문이다. 또한 우리도 모르는 사이에 조금씩 새어 나오는 유해물질에서 해방될 수 있다는 장점도 있다.

점토로 만든 벽, 성능이 뛰어난 이중창, 절연 바닥 및 지붕은 단지 삶의 질만 높여주는 게 아니다. 에너지 지출에서도 차이를 느낄 수 있다. 우리 집 에너지 비용도 햇살에 눈 녹듯 순식간에 줄어들었다.

폐기물

리모델링하는 동안에는 무슨 일을 하든지 폐기물이 생길 수밖에 없다. 천만다행으로 건축 및 해체 폐기물의 80%는 재활용이 가능하며 주로 목재, 깨진 벽돌, 시멘트 등 되메우기용 재료로 쓰인다.[22]

건축 폐기물을 재활용하려면 계획을 잘 세워야 한다. 예를 들어 폐기물을 혼합해 보관하지 말고 불활성 폐기물용 컨테이너를 따로 관리해야 한다. 따라서 목재용, 시멘트용, 깨진 벽돌용으로 구분한다. 이렇게 폐기물을 분리해놓으면 대개 값을 더 받을 수 있다. 분류 센터에서 혼합물을 분리하는 작업을 생략할 수 있기 때문이다.

22 www.environnement.brussels/etat-de-lenvironnement/synthese-2011-2012/dechets/dechets-de-construction-et-de-demolition.

집 철거 과정에서 나온 고철은 고철상을 통해 매우 쉽게 처분할 수 있다.

일부 위험 쓰레기, 예를 들면 석면을 함유한 폐기물은 특별 분리수거 센터로 보내야 한다.

공사기간 내내 경계를 늦춰선 안 된다. 대체로 시공업체는 우리 가족만큼 환경 보호에 적극적이지 않기 때문에 문제의식 없이 에어졸 스프레이, 접착제 찌꺼기 등을 모조리 가정용 쓰레기통에 버릴 수도 있다. 하지만 공사 기간 내내 인부들 옆에 붙어 있다면 몰라도 모든 과정을 따라다니며 감시하는 건 불가능하다.

용수

우리는 물 관리에도 신경을 많이 썼다. 가능한 한 물을 가장 적게 소비하는 구조의 집을 짓고 싶었다. 벨기에는 비가 많이 오는 나라로 유명하지만 지하수층 고갈 문제가 해가 갈수록 뚜렷해지고 있기 때문이다.

집에 설치한 물 순환 시스템을 통해 각층의 수도꼭지마다 최적으로 온수를 공급할 수 있게 됐다(우리 집은 층고가 높은 중이층 구조로, 보일러가 지하실에 있다).

온수 공급은 보일러 시스템에 무선으로 연결되어 있는 스위치로 제어된다. 스위치를 켜고 1~2분 지나면 수도꼭지에서 온수가 나온다. 이 온수 시스템 덕분에 샤워할 때 온수가 나오기

빗물을 화장실 용수로

우리 가족은 집 아래 매설된 빗물 집수통을 다시 작동시켰다. 마당, 차고, 테라스에 수도꼭지를 설치하고 세탁기와 화장실 두 곳에 연결했다. 덕분에 물을 내릴 때 죄책감을 조금 덜게 됐다.
오늘날 벨기에의 신식 건축물이나 일부 지역에서는 의무적으로 빗물 집수통을 마련해야 한다. 오래된 집에는 대부분 빗물 집수통이 설치되어 있어 작동시키기만 하면 된다. 장기적으로 지구를 위한 일일 뿐만 아니라 수도 요금 고지서를 위한 일이기도 하다!

전 몇 리터씩 버려지는 찬물을 절약할 수 있게 됐다. 게다가 연속으로 온수 순환 장치를 작동할 필요도 없어졌다. 따라서 전기세도 절약할 수 있게 됐다.

우리 가족은 물 절약정신 또한 매우 투철하다. 예를 들어 매일 샤워하는 대신 하루 샤워했으면 그다음 날에는 세수만 하고, 샤워를 하더라도 짧은 시간 안에 끝내며, 소변을 봤을 때는 변기 물도 매번 내리지 않고, 물을 재사용해 설거지 등 다른 용도로 쓴다.

앞서 소개한 모든 방법을 실천한 결과, 우리 집 수도요금 고지서에 실제로 변화가 나타났다. 지난 연간고지서를 기준으로 볼 때 우리 네 식구의 수돗물 사용량은 1인 가구의 연간 수돗물 평균 사용량과 맞먹었다.

조명

더 이상 마트에서 백열전구를 볼 수 없게 되었기 때문에 우리 가족은 LED 조명을 쓰기로 했다. 백열전구와 비교해 에너지 소비도 확연히 적다. 게다가 색온도를 온백색으로 조절하면 매우 아늑한 분위기를 연출할 수 있다. 하지만 LED 조명은 생산과 재활용 과정에서 지구에 상당한 부담을 준다.

이론적으로 LED 전구의 수명은 수천 시간이지만 제품에 명시된 수명만큼 사용할 수 있는 경우는 별로 많지 않다. 더 이상 작동하지 않는 LED 전구는 지정된 수거장소에 배출해야 한다. 그 어떤 경우에도 LED 전구를 그대로 쓰레기통에 버려서는 안 된다.

19 쓰레기 제로를 위한 대안

쓰레기 제로 라이프에 첫발을 내디딜 때는 지금 사용하는 제품들을 무엇으로 대체해야 할지 난감하기 마련이다. 전부는 아니지만, 당장 시도해볼 수 있는 쓰레기 제로 대안을 소개한다.

일회용 또는 소모품	쓰레기 제로 대안
미용 및 위생 용품	
보디워시 및 샴푸	벌크 구매한 비누바, 액체 비누 및 샴푸
칫솔	나무 칫솔
치약	고체 또는 가루 치약
면봉	대나무 및 일반 귀이개
미용 티슈	손수건
일회용 면도기	면도날 교체형 면도기
셰이빙폼	면도솔, 면도 비누
데오도란트	고체 데오도란트, 명반석, 팔마로사 에센셜 오일
수분크림(얼굴, 몸 겸용)	수제 수분크림
생리대 및 탐폰	생리컵 또는 면 생리대
네일 파일	유리 네일 파일
메이크업 리무버	식물성 오일(올리브, 스위트 아몬드, 아르간 등)
일회용 화장솜 및 메이크업 클렌징 티슈	클렌징 타월(면, 플리스)
보디 스폰지	샤워 장갑, 수세미
손톱 솔	천연모 나무 손톱 솔
립밤	수제 밀랍 립밤
화장실 용품	
화장실용 스프레이형 방향제	알코올과 레몬 에센셜 오일로 만든 수제 스프레이
화장지	빨아서 쓸 수 있는 천 조각, 물과 샤워 장갑

일회용 또는 소모품	쓰레기 제로 대안
아이 용품	
일회용 기저귀	천 기저귀
물티슈	샤워 장갑, 빨아 쓰는 물티슈
아기 엉덩이 크림	리니망 로션, 시어버터
장보기, 운반, 보관	
비닐봉지	재사용 가능한 장바구니 또는 벌크용 천 주머니
냉동실용 지퍼백	통, 유리 용기, 천 주머니
정육점 포장 종이	유리 용기, 통, 밀랍 랩
벌크 구매용 종이 가방(채소, 건조 제품)	벌크 구매용 천 또는 그물 가방
타르트 상자	타르트 팬이 포함된 타르트 주머니
식사 및 요리	
콘플레이크 박스	콘플레이크 벌크 구매
토마토소스 팩	홈메이드 토마토소스
포장된 비스킷 또는 스낵	홈메이드 비스킷
유산지	오븐 팬에 버터나 밀가루 뿌리기, 자연분해 종이 포일
베이킹파우더	식용 탄산수소나트륨
커피 및 차(낱개 포장 또는 캡슐 형태)	커피, 차 벌크 구매
냅킨	천 냅킨
키친타월	천 조각, 천 키친타월
알루미늄 포일	도시락통, 점심 도시락 주머니, 밀랍 랩
플라스틱 빨대	금속, 대나무, 유리 빨대

일회용 또는 소모품	쓰레기 제로 대안
플라스틱 물병	스테인리스 물통 또는 유리병
일회용 접시 및 식기	재사용 가능한 접시 및 식기
청소 및 위생 관리	
청소 용품	탄산수소염, 식초, 레몬
세탁세제	마르세유 비누 및 홈메이드 제품
섬유 유연제	식초
얼룩 제거제	담즙 비누, 마르세유 비누, 탄산수소 나트륨
설거지용 스펀지	천 수세미, 나무 솔, 수세미
주방세제	홈메이드 주방세제 또는 마르세유 비누 조각
식기세척기용 정제 세제	식기세척기용 홈메이드 가루 세제 또는 정제 세제
식기세척기용 헹굼 물	백식초
식기세척기용 소금	식용 굵은소금
기타	
종이 선물 포장지	후로시키 보자기

위에 소개된 다양한 대체재를 어디서 구할지 모르시겠다고요?

www.zerocarabistouille.be에 접속해서 '주소' 메뉴로 들어가면 위에 소개된 제품을 구매할 수 있는 장소의 목록이 상세하게 정리되어 있습니다.

4

아이들과 함께하는 쓰레기 제로 라이프

아이의 존재는 쓰레기 제로에서 가장 핵심적이다. 아이를 진심으로 사랑하는 건 두말할 필요도 없지만, 어떤 의미에서든 아이가 쓰레기 공장이라는 건 부정할 수 없는 진실이기 때문이다. 하지만 안심해도 좋다. 아이들이 생산하는 쓰레기양을 줄일 방안이 생각보다 많다.

1 아이가 태어났다

산부인과 병원

아이들은 본래 의미든, 비유적 의미든 간에 쓰레기 더미에서 태어난다. 산부인과 병원에서 아이를 출산하면서부터 우리는 플라스틱 젖병, 일회용 기저귀, 물티슈, 샤워 오일, 클렌징 젤과 같은 목욕 용품 등 모든 아이용품으로 집중포화를 받게 된다.

또한 우리 의사와 상관없이 마치 마법처럼 '핑크 박스'가 손에 떨어진다. 이 상자에는 온갖 종류의 샘플과 아이의 엉덩이가 미스터 클린의 머리통만큼 매끈해진다는 둥 이런저런 제품을 사야 할 필요성을 늘어놓는 광고전단이 가득 들어 있다.

부모라면 아이에게 더 좋은 것을 주고 싶기 마련이다. 따라서 산부인과에서 받은 것이라면 순한 제품이라 아이에게 좋을 것이라고 믿는다. 하지만 보이는 것만큼 모든 게 장밋빛은 아니다. 선별해서 잘 골라야 한다.

출산 준비 목록

출산 준비 목록은 대부분 아이에게 가장 좋은 것을 주고 싶다는 부모의 욕망을 충족하기 위한 매개체다. 유혹도 많고 제품 또한 유용할 것이라고 보통 생각하는 것 같다. 게다가 아직 정말로 필요한 게 뭔지 모르는데도 혹시나 하는 마음에 일단 최대한 많이 사놓은 다음 사용하면서 판단한다.

첫 아이 때는 아이에게 실제로 필요한 물품이 무엇인지 판단하기가 쉽지 않다. 그럴 땐 이미 아이를 낳은 친구나 지인과 상

의해보면 좋다. 서로의 삶의 방식이 같지 않더라도 대화를 통해 불필요한 물품을 파악할 수 있다. 욕망의 파도에 휩쓸려선 안 된다. 아이에게 진정 꼭 필요한 것만 있으면 된다.

첫째가 태어났을 때는 거의 모든 걸 새로 샀다. 요즈음 중고품 사이트, 중고 의류 교환 및 판매소, 중고품 거래 시장을 자주 둘러보니 출산 용품을 저렴한 가격에 얼마나 쉽게 구할 수 있는지 알 수 있었다. 대체로 이런 용품들은 닳을 새가 없다. 진짜 '득템'하는 셈이다.

그리고 가족과 친구들로부터도 육아 용품을 받게 될 것이다. 주저말고 뭘 줄 수 있는 지 물어보자. 중고품 거래시장에 팔기보다는 아는 사람에게 주는 걸 훨씬 기뻐할 확률이 높다. 예를 들어 우리 가족은 유모차, 유아 안전 울타리, 이유식 조리기 베이비 쿡, 착유기 등의 용품을 되팔았지만 아는 사람에게 준 물품도 어마어마하게 많다.

이처럼 필요하다고 생각되는 물품을 선별하고, 출산 준비 목록을 작성해서 가족과 친구들에게 보여줄 수도 있다. 다만 다음 사항을 명확히 해야 한다.

- 직접 사용하거나 다른 사람이 썼던 중고품을 줘도 괜찮다.
- 비용을 보태준다면 우리가 직접 필요한 물품을 중고로 구매하겠다.

목록에는 침대, 요람, 기저귀 교환대, 식사용 유아 의자, 친환경 페인트 등 가구나 방을 꾸밀 장식품을 적어 넣어도 된다. 중고 물품이 더 저렴한 만큼 목록이 한도 끝도 없이 늘어날 수 있다. 하지만 계속 절제하고 핵심에 집중하자. 저렴하다는 이유로 쓸데없는 물건으로 목록을 가득 채워봤자 아무짝에도 쓸모없다!

둘째 아이부터는 상황이 훨씬 더 간단해진다. 우리에게 부족한 것이 무엇인지, 없어도 되는 것이 무엇인지 파악하고 있기 때문에 출산 준비 목록이 확 줄어든다. 그렇게 되면 가족과 친구들에게 다른 형태의 선물을 줄 수 있느냐고 물어 볼 기회가 생긴다.

예를 들어 둘째 딸의 대모는 탄생 축하선물로 보호소에 있는 오랑우탄이 다시 자연으로 돌아갈 수 있도록 재활훈련 비용을 후원했다. 그래서 둘째 아이는 작은 오랑우탄 인형을 받았고 두 석 달마다 오랑우탄 친구의 소식을 받아보게 됐다. 이처럼 독특한 방법으로 관심있는 프로젝트에 후원할 수 있다.

수공예품 또한 아주 멋진 선물이다. 수공예품 시장이나 일정 기간만 운영하는 팝업 스토어에는 어린아이를 위한 다양한 창작 수공예품이 있다. 예를 들어 할머니들은 뜨개질이나 재봉의 대가다. 애착인형, 담요, 보닛, 스웨터 등 직접만든 물건인 만큼 훨씬 더 감동적인 선물이 될 것이다.

아이 돌보기, 아이와 놀아주기, 엄마에게 힐링 시간 만들어주기 등을 실현시켜주는 '서비스 쿠폰'도 출산 축하 선물의 하나다. 쿠폰을 주는 사람은 물질적인 선물 대신 자신의 시간을 선물로 제공해 초보 엄마아빠를 돕고, 자유시간을 선사해 쉴 수 있게 해주며, 둘만의 또는 혼자만의 시간을 가질 수 있게 도와준다.

마지막으로 지속 가능한 은행에 아이 이름으로 계좌를 열어주고 크라우드펀딩을 통해 프로젝트를 후원하는 것 또한 훗날 아이에게 아주 유용하고 값진 선물이 될 것이다.

옷장

아기는 보디슈트, 잠옷 또는 편한 옷을 입은 채 대부분의시간을 잠으로 보낸다. 그러다 어느 순간 보면 훌쩍 자라있다. 그러므로 가장 좋은 선택은 중고 및 재활용 의류를 입히는 것이다. 아이 옷은 중고여도 거의 새거나 마찬가지다. 중고 의류를 사면 가계에 보탬이 된다는 것 외에도 천에 남아 있는 화학 잔여물에 노출될 일이 없다는 장점이 있다. 여러 번 세탁한 중고 의류는 유해물질이 이미 제거된 상태이기 때문이다.

아이 의류에서 가장 어려운 것은 작고 예쁜 원피스, 지나치게 귀여운 티셔츠 등의 유혹에 지지 않는 것이다. 꼭 필요한 경우를 제외하고 아예 아동복 매장에 가지 않는 것이 상책이다.

요즈음에는 브뤼셀에 위치한 테일 미Tale Me와 같은 '대여 옷장'에서 임산부 및 0~4세 아동용 옷을 월정액으로 빌려 입을 수 있다. 대여 옷장은 경제적이고 지속 가능한 해결책으로, 다양한 종류의 옷을 윤리적으로 제공하는 서비스다.

아이의 피부 관리

아이의 피부는 약하고 민감해서 신경을 많이 써야 한다. 성인용 제품을 처분할 때와 마찬가지로 아이용 피부 관리 제품도 대대적으로 정리하고 화학물질이 함유되지 않은 천연 제품만 남겨둬야 한다. 안타깝게도 일반적으로 많은 브랜드의 제품이 아직도 페녹시에탄올(일회용 물티슈), 메틸아이소티아졸리논(샤워 젤에 사용되는 비스페놀 대체 물질), 석유화학 부산물 등 유해 물질을 함유하고 있다. 따라서 마냥 안심하고 사용할 수는 없다.

아이의 피부 관리를 위해 특별히 필요한 건 없다. 물만으로도 충분하다.

- 비누로는 낮은 온도에서 비누화하는 보습비누를 사용한다. 본래 글리세린이 풍부하게 함유되어 있어 아이 피부에 매우 부드럽고, 향과 에센셜 오일이 첨가되어 있지 않은 비누를 선택한다. 마르세유 비누나 알레포 비누를 사용해도 되지만 이 두 비누는 보습력이 비교적 떨어진다. 직접 낮은 온도에서 비누화하는 나만의 비누를 만들거나 매장에서 구매해도 좋다. 머리 감는 데 사용하기에도 안성맞춤이다.
- 피부 보습을 위해 금잔화나 스위트 아몬드 등 식물성 오일로 마사지를 해준다. 귀리 목욕도 효과가 좋다. 면포에 귀리 플레이크를 한 줌 넣고 목욕물에 담근다. 조금 탁하더

라도 보습력을 끌어올려주니 이 물로 아이를 목욕시키면 좋다.

- 아이를 매일 목욕시킬 필요는 없다. 일주일에 세 번이면 충분하며 그 이상은 피부를 건조하게 만들 수 있다. 목욕하지 않는 날에는 목욕장갑을 이용해 맑은 물로 닦아주기만 해도 된다. 또한 라벤더 증류수를 조금 사용해도 괜찮다.
- 아이의 옷을 갈아입힐 때는 다음 제품을 사용한다.
  - 올리브 오일과 석회수를 혼합한 리니망 로션은 석회수를 주원료로 만든 클렌징 밀크다. 보통 아이 엉덩이를 닦는 용도로 알려져 있지만 얼굴을 닦을 때도 사용한다. 집에서 쉽게 만들 수 있으며 유기농 매장이나 슬로 코스메틱 매장에서 어렵지 않게 찾을 수 있다.
  - 순수 금잔화 오일은 염증을 진정시키고 보습력이 아주 뛰어나다.
  - 시어버터는 피부에 닿으면 잘 녹아 아이의 엉덩이 피부를 소변과 그로 인한 염증으로부터 보호해준다.
- 물티슈의 경우, 유해물질이 가득한 일회용 제품을 멀리하고 집에서 만들거나 시판 중인 빨아 쓰는 물티슈를 구매한다. 면, 플리스, 대나무 등 다양한 재료로 만들 수 있다.

빨아 쓰는 천 기저귀

첫아이 때는 두 살까지 일회용 기저귀를 사용했다. 우리 가족이 전환점을 맞이한 건 둘째가 태어났을 때다.

나는 알록달록하고, 부드러우며, 촉감이 좋은 천 기저귀를 선택했던 걸 결코 후회한 적 없다. 처음에는 일회용 기저귀와 처리 과정이 달라 조금 불안했는데, 새로운 물건에 적응하지 못하는 사람이라 할지라도 꽤 빠르게 익숙해질 수 있다. 안타깝게도 천 기저귀에 대한 이미지는 아직 그다지 좋지 않다. 많은 이에게 퇴보의 동의어처럼 인식되기 때문이다. 하지만 현재의 천 기저귀는 할머니 시대에 쓰던 모슬린 천 기저귀와 완전히 다르다!

천 기저귀의 좋은 점

- 아이에게 좋다.
  - 암을 유발할 수 있는 다환방향족탄화수소PAH와 알레르기를 유발할 수 있는 화학 잔여물 등의 농약 걱정에서 벗어날 수 있다.
  - 엉덩이에 발생하는 홍반을 줄일 수 있다.
  - 기저귀를 더욱 빠르게 교체할 수 있다.
- 지구를 위한 선택이다. 쓰레기가 훨씬 적게 나온다.
- 가정경제에 보탬이 된다. 아이가 한 명이라 할지라도 천 기저귀를 사용하는 것이 더 이득이다. 다 따져보면 일회용 기

알고 있나요? 아이 한 명 키울 때 평균적으로 6,500개의 기저귀를 버린다는 사실을? 유아용 일회용 기저귀를 만들기 위해 나무 4.5그루, 플라스틱 25kg이 사용되며 원유 67kg이 필요합니다.•

• www.planetoscope.com/hygiene-beaute/325-consommation-de-couches-jetables-dans-le-monde.html.

저귀보다 비용이 적게 든다. 게다가 중고품으로 쉽게 되팔 수 있으니 더할 나위 없다.

아이마다 엉덩이 크기 및 피부 유형이 다 다른 만큼 천 기저귀의 원단과 크기도 매우 다양하다.

- 사이즈 조절이 가능한 원 사이즈 기저귀(아이의 성장에 따라 스냅 단추로 조절) 또는 두세 가지 사이즈로 기저귀 구매
- 홑면 기저귀 또는 겹면 기저귀. 기저귀, 커버, 안감이 일체형인 제품
- 플리스 원단(주로 야간용), 폴리우레탄래미네이트PUL 원단(방수), 대나무, 삼베, 면……
- 벨크로 테이프 또는 스냅 단추
- 여러 유형의 안감

주제가 매우 광범위하기 때문에 구매하기 전에 정보를 충분

히 검토해야 한다. 설명회에서 천 기저귀를 보고, 만지고, 테스트해보면 더욱 편안한 마음으로 선택할 수 있다.

세탁은 직접 하거나 브뤼셀의 에코 트리뷔Eco Tribu같은 지역 기저귀 세탁 및 대여 서비스를 이용하면 된다. 일회용 기저귀를 쓸 때 보다 천 기저귀를 세탁하면서 물을 더 많이 소비하는 것은 아닌지 회의적인 생각이 들 수도 있지만, 에너지 효율이 높은 세탁기에 세탁물을 가득 채워서 돌리고 건조기 사용을 자제하면 일회용 기저귀를 사용할 때 보다 탄소 발자국을 200kg 줄일 수 있다.[1]

왈롱과 브뤼셀의 일부 행정구역에서는 천 기저귀 구매 장려금을 제공한다. 중고 천 기저귀를 구매하거나 판매해 짭짤한 수익을 올릴 수도 있다! 안타깝게도 천 기저귀를 받아주는 어린이집이 드물어 때때로 부모들의 의지를 꺾어버리기도 한다.

2 아이가 자라면서

이 멋진 도전에 발을 들여놓기로 결정한 순간, 우리가 가장 걱정한 것은 바로 아이들이었다. 과연 아이들이 받아들여줄까? 더이

1 www.ecoconso.be/fr/ Des-langes-reutilisables.

상 집에 늘 먹던 비스킷을 갖고 들어올 수 없다는 사실을 이해시키려다 아이들과 싸우면 어쩌지? 장난감을 예전만큼 사주지 않아 끝없이 전쟁을 하게되진 않을까?

실제로 아이들은 부모보다 변화에 더 쉽게 적응하고 자연스럽게 받아들인다. 반면에 어른들은 스트레스, 걱정, 기분 때문에 변화에 적응하는 걸 어려워한다. 날마다 우리는 딸들이 우리의 새로운 생활양식을 얼마나 전폭적으로 지지해주는 지 깨닫고는 깜짝 놀란다. 아이들은 주변 사람들에게 쓰레기 제로에 대해 자랑스럽게 말하고 다니면서 자신의 위치에서 옳은 일을 하는 스스로를 '어머니 자연'을 지키는 영웅이라고 생각한다.

하루아침에 아이들에게 모든 걸 금지하겠다고 통보한 건 아니다. 우리는 아이들이 과정을 통해 조금씩 이 변화에 적응하길 바랐다. 시간을 들여서 왜 우리가 여태까지 해온 습관을 바꾸려 하는지, 왜 쓰레기를 줄이는지, 어떤 건 편해지고 어떤 건 불편해지듯 상황이 달라질 거라고 아이들을 이해시키는 것이 관건이었다.

마지막 남은 시리얼 상자를 다 비웠을 때, 아이들은 불안해하고 혼란스러워했다. 더는 아침 식사로 시리얼을 먹을 수 없게 됐기 때문이다. 하지만 왜 포장된 시리얼을 사면 안 되는 걸까? 우리는 함께 시리얼 포장재가 무엇으로 만들어졌는지 살펴봤다. 재활용 가능한 상자와 플라스틱이었다. 아이들과 함께 플라스틱 사용이 우리 지구에 미치는 영향에 대한 문제를 파고들다 마주

한 현실은 끔찍했다. 바다는 플라스틱으로 인해 고통받고 아이들이 무척 좋아하는 해양 동물들은 플라스틱을 삼키는 바람에 죽어가고 있었다. 자신도 책임이 있다는 걸 깨달았을 때 우나는 곧바로 소리치며 반응했다. "우리가 동물을 죽이고 있어!"

요즘도 우리 아이들은 매일 시리얼을 먹는다. 다만 벌크로 구

매하거나 그래놀라처럼 집에서 만든 수제 시리얼일 뿐이다. 5장 〈직접 만들어 보는 쓰레기 제로 라이프〉에 나와 있다. 설탕이 덜 들어간 데다 대형 마트에서 파는 제품만큼이나 다양한 맛을 즐길 수 있어 별 투정 없이 아침 식사를 한다.

간식과 점심

우리는 더 이상 아이들에게 재료도 제조 방법도 모르는 간식을 줄 수 없었다. 게다가 대형 마트에서 산 간식은 대체로 부모의 시간을 절약해준다는 명목하에 개별 포장되어 있으며 건강에도 좋지 않다. 우리는 이미 간식 그릇을 사용하고 있었기 때문에 더는 이런 과대포장된 제품을 살 필요가 없었다.

그래서 할머니의 레시피를 찾아봤다. 요리에는 전혀 취미가 없었지만 한번 해보기로 마음먹은 후부터 즐겁게 아이들 간식을 만들기 시작했다. 직접 요리하면 재료와 양을 원하는 대로 조절할 수 있다. 또한 레시피를 다양하게 활용해 새로운 맛에 도전해볼 수도 있다. 무엇보다 우리 아이들이 보여준 열광적인 반응에 마음을 굳혔다. 다양한 즐거움을 맛보여 주려고 노력한 덕분에 현재까지도 싫증 내지 않고 좋아해준다.

수제 간식을 만들려면 시간이 오래 걸리지만 이를 통해 얻는 만족감을 생각하면 수고할 만한 가치가 있다.

요리를 더 수월하게 하기 위한 나만의 소소한 팁을 공개한다.

- 언제나 재료가 적게 들어가는 간단한 레시피를 선택한다. 레시피에 익숙해지고 나서부터는 순식간에 요리를 만들어 낼 수 있다.
- 분량을 두세 배로 늘리면 매일 만들어야 하는 수고를 덜 수 있다.
- 간식을 밀봉되지 않는 유리 용기(뚜껑을 살짝 덮을 뿐 꽉 닫히지 않는 형태) 또는 아주 오랫동안 보관할 수 있는 금속 재질의 통에 넣어놓는다.
- 나는 요령 있게 요리하는 편이다. 시간이 별로 없을 때는 케이크로 12인분 간식을 후다닥 만들면 며칠간 보관해두고 먹을 수 있다. 또한 비스킷, 케이크 등을 냉동시켜도 된다.
- 비스킷이 거의 다 떨어지면 과일, 요거트 등 간식 종류를 바꿔보거나 때로는 비스킷을 벌크로 구매하기도 한다.

여기에 언급된 간식이 다가 아니다. 과일, 요거트, 말린 과일도 먹는다. 쓰레기 제로 식 식습관은 건강하고 균형잡힌 소비습관과 맞닿아 있다.

장난감

아이들의 수납장에는 장난감이 가득하다. 하지만 가지고 노는 장난감은 극소수고 창의력을 발휘해 직접 만든 장난감을 더 좋야한다. 우리는 쓰레기 제로 라이프를 시작하면서 장난감 구매 습관을 근본적으로 바꿨다.

예전에는 킨더 서프라이즈 같은 자질구레한 장난감의 유혹에 넘어가기도 했다. 그러나 오늘날에는 슈퍼마켓에 가지 않는데다 장난감 가게에는 극히 드물게 방문하기 때문에 필요 없는 제품을 구매하려는 욕망에 사로잡히지 않는다. 쓸데없어 보이는 물건을 사달라는 아이들의 요구에 안 된다고 할 수 있게 됐다.

예를 들어 우리는 핸드 스피너 열풍에 휩쓸리지 않았다. 하지만 압박감이 꽤 심했다. 모든 친구가 적어도 하나씩은 갖고 있었기 때문이다. 현재 핸드 스피너가 모두의 관심에서 멀어지면서 딸들도 박탈감을 느끼지 않게 됐다. 당시에는 조금 느꼈을 수도 있지만, 시간이 지나면서 꼭 가져야 하는 물건이 아니었다는 걸 깨달은 것이다.

구체적으로 말하면 우리는 물건 대신 체험으로 관심을 돌렸다. 콘서트 관람, 가족과 영화관 나들이, 전시회 방문, 트리 클라이밍 등 아이들이 원하는 새로운 활동을 즐겼다. 그러자 흥미롭게도, 장난감은 현재 아이들의 관심에서 멀어졌다. 체험과 관련해 매우 많은 추억을 간직하고 즐거운 시간을 보내다보니 자연스럽게 쓰레기 제로 대체재 쪽으로 관심을 갖게 됐다.

하지만 우리 아이들은 여전히 장난감을 선물로 받는다. 물론 장난감 세 개 중 두 개는 중고 제품이다. 나머지 하나는 중고로 찾을 수 없는 장난감으로, 유용하며 교체 부품이 들어 있어 수명이 긴 제품이다. 유행 때문에 장난감을 사는 건 이제 사양이다.

영유아의 경우, 장난감을 살 때 무엇보다도 화학 성분을 잘 따져서 골라야 한다. CE 마크(유럽연합 통합규격 인증 마크)가 붙어 있다고 해서 꼭 해당 장난감이 아이에게 유해하지 않다는 뜻은 아니다. 일부 장난감에는 비스페놀 A와 폴리염화비닐PVC가 들어 있다. 천 또는 목재로 만들어진 장난감은 좋은 대체재로 대대손손 물려줄 수도 있다. 빈티지 시대가 다시 돌아왔다. 아이와 어른이 함께 즐길 수 있는 1960, 1970, 1980년대 장난감이 다시 유행을 타고 있다.

재밌고, 여럿이 함께할 수 있으며, 오래 사용할 수 있는 재료로 만들어진 보드게임은 아이들에게 아주 좋은 놀거리다. 때로는 부족하거나 잃어버린 부품을 주문할 수도 있다. 대체로 보드게임을 하면서 즐거운 시간을 보낸다.

아이들과 남편은 요즘 우리집 책장을 빼곡히 채우고 있는 중

생일 선물 대신 자선단체 후원

우나는 생일에 WWF(세계자연기금) 정기 후원 증서를 받았다. 이제 아이는 3개월마다 교육적인 내용이 담긴 작은 책자와 함께 할인 쿠폰을 받는다. 덕분에 보다 저렴한 가격으로 자연 동물원과 어드벤처 놀이공원에서 즐거운 시간을 보내며 자연을 만끽할 수 있게 됐다. 무엇보다 이제 우나는 자선단체의 후원자로서 자부심이 생겼다. 유니세프, 그린피스 등 후원 선물을 해줄 수 있는 단체는 아주 많다.

고 만화책에 푹 빠져 있다. 세 부녀가 독서에 정신 팔려 있을 때면 나는 평온한 시간을 즐길 수 있다.

의류 공유 네트워크

우리 집 근처에는 우리 아이들과 비슷한 또래의 아이를 키우는 친구들이 살고 있다. 그러다보니 자연스럽게 의류 공유 네트워크가 만들어졌다. 이웃인 엘로디가 내게 옷을 주면 그 옷은 나이스와 우나가 입고 난 뒤 친구인 소피와 비르지니네 집으로 보내진다. 그 덕분에 우리 집 아이들의 성장에 맞춰 입힐 수 있는 옷이 두세 상자나 된다.

망설이지 말고 친구나 지인에게 그 집 아이에게는 너무 작아서 못 입는 옷을 어떻게 할 건지 물어보자. 분명 매우 기뻐하며 건네주거나 아는 사람이니 저렴하게 넘겨줄 것이다.

우리 아이들은 새 옷을 자주 사 입을 수 없다는 사실에 익숙해져 있다. 옷이 부족하면 중고 제품을 살펴보거나 용도에 따라 새 옷을 사기도 하는데, 어떤 경우에는 직접 만들어준다(나의 긴 겨울밤을 함께해줄 소일거리다). 새 옷을 살 때는 나중에 리폼해서 사용할 수 있도록 품질이 좋은 제품을 찾는데, 윤리적이고 친환경적인 소재로 만들어진 것이라면 더 바랄 게 없다. 다만 찾기가 쉽지만은 않다.

개학

개학을 생각하면 곧바로 길고 긴 목록, 정리, 구매, 지출 그리고 무엇보다 스트레스가 떠오른다. 매년 필요한 학용품 목록은 점점 길어지지만 여러 가지 방법을 통해 환경에 미치는 영향과 쓰레기양을 줄일 수 있다.

우선, 자기 물건을 소중히 여기고 조심해서 사용해야 하는 이유를 이해시켜야 한다. 우리 아이들은 학용품의 소중함에 대해 아주 잘 알고 있다. 그래서 학용품을 잘 간수하고 잃어버리지 않게 조심한다. 우리가 매년 새로 사주지 않을 거라는 걸 알고 있기 때문이다.

망가진 물건을 바꿔야 할 때는 중고품을 찾거나 집에 있는 서랍을 다 털어본다. 생각지 못했던 보물을 발견할지도 모른다. 중고품 매장에는 대체로 학용품 코너가 있어 좋은 물건을 건질

무독성 풀

풀과 풀이 담긴 용기 그리고 제품의 독성을 생각하면 직접 풀을 만들어 쓰는 게 속 편하다! 옥수수 전분, 우유 또는 밀가루를 기본 재료로 해서 풀을 만들 수 있다.
용기에 밀가루 75g을 붓는다. 물 75ml를 조금씩 넣는다. 소금 한 꼬집을 추가한다. 매끄럽고 질척한 반죽이 될 때까지 섞어준다. 풀을 바를 땐 붓을 사용하고 유리통에 보관하며 기간은 일주일을 넘기지 않는다.

수 있다. 게다가 우리는 창고에 파일 홀더, 필통, 연필, 볼펜이 한두개씩 쌓여있다. 그렇지 않으면 친구들에게 사용하지 않는 물건은 없는지 살펴봐 달라고 도움을 청하기도 한다.

불행히도 만약 위에서 말한 두 선택지에서 흡족한 물건을 찾지 못할 경우에는 금속판이나 나무판으로 만들어진 제품, 일회용 형광펜보다는 형광 색연필 등 품질이 좋고 오래 사용할 수 있으며, 독성이 없는 학용품을 찾아본다. 조금 더 비싸지만 아이들의 건강을 위해서는 아깝지 않은 금액이다.

우리 아이들이 다니는 학교에서는 몇 년 전부터 학부모 연합회 덕분에 학용품 공동구매가 이뤄지고 있다. 이 방법에는 여러 가지 이점이 있다.

- 도매가로 살 수 있어 비용부담이 덜하다.
- 매장을 돌아다닐 필요 없이 정해진 날 학교로 물품이 배달되므로 시간을 절약할 수 있다.
- 대량으로 구매한 것이기 때문에 포장 없이 물품을 낱개로 받아볼 수 있다. 그러므로 쓰레기가 획기적으로 줄어든다.
- '친환경' 학용품도 고를 수 있다.

일부 서점이나 문구점에서도 때때로 포장 없이 낱개로 판매하는 물건을 찾아볼 수 있다. 이 판매 방식은 지역 상권에 여러모로 큰 보탬이 된다!

책가방의 경우 우리 가족은 우선적으로 중고제품을 구매하려고 한다. 인터넷 사이트에 들어가보면 종류가 아주 다양하다. 하지만 개학 시기에 찾으려고 하면 가격도 더 비싸고 경쟁도 더 치열하다.

우리는 애프터서비스가 확실한 벨기에 브랜드의 책가방을 사용한다. 예전에 우나가 쓰던 책가방 지퍼 중 하나가 망가진 적이 있다. 이 책가방의 제품 보증기간은 이미 끝났지만 약 15유로를 내고 조금 기다리자 납품업체에서 수선받을 수 있었다. 품질(오래 사용해도 내구성이 뛰어난 제품)과 쉬운 관리(일부 제품은 세탁기로 세탁할 수 있다) 또한 고려 대상이다. 우리는 항상 품질 보증기간이 긴 제품을 우선적으로 선택한다. 일부 브랜드는 평생 보

교과서 포장하기

아이들이 개학 날 집으로 돌아와 다음 날까지 공책이랑 교과서를 포장해야 한다고 말하면, 나는 교과서 포장용 롤 비닐로 인해 이제부터 겪게 될 고생길 생각에 가슴이 두근거리곤 했다.
그러나 유쾌하고 친환경적인 방법을 찾아냈다.

- 천으로 포장하기: 세탁해서 재사용할 수 있고 무엇보다 예쁘다.
- 종이 쇼핑백: 재활용 정신을 발휘한다.
- 크라프트지: 창의력을 마음껏 펼쳐본 뒤 재활용하면 된다.
- 오래된 지도: 일 년 내내 지도 여행을 떠날 수 있으며 지리적 지식을 복습할 수 있다.

증해주기도 한다.

교과서는 주로 중고 서점을 이용한다. 또는 아이가 다 커서 더 이상 교과서가 필요 없는 친구에게 책을 팔거나 빌려달라고 부탁하기도 한다.

3 청소년기

사춘기는 부모뿐만 아니라 아이에게도 시련이 가득한 시기다. 사춘기 시절, 아이들은 자신이 속한 공동체 안에서 정해진 규칙을 맹목적으로 따르는 것에 대한 반감이 생기는 등 내면 깊숙한 곳에서부터 모든 것이 송두리째 흔들리는 경험을 한다. 여기에 쓰레기 제로까지 더하면 "그거 안 해!"라는 말이 나올 수도 있다.

확실히, 아이의 인생에 되도록 빨리 쓰레기 제로를 체화시켜야 이 생활방식이 아이의 유전자에 빠르게 스며들 것이다. 하지만 아이가 성장하면서 거부하는 순간을 피할 수는 없다.

각자 자신의 방식, 리듬대로 쓰레기 제로를 실천해나간다. 그 과정에서 후퇴할 수도 있고 완벽하게 거부당할 수도 있다. 현실을 받아들여야만 한다.

나는 아직 아이의 사춘기를 겪어보지 않았지만, 특히 쓰레기 제로의 삶을 살기로 결정했다면 아이와 대화를 시도하는 것이 현명한 방법이라고 생각한다.

아이가 감당할 수 없는 일이 무엇인지 이해하고 우리가 바라는 것과의 합의점을 찾아야 한다. 대부분의 아이에게 쓰레기 제로는 즐거운 일이 아니며 다른 친구들과 같은 감정을 느낄 수 있고, 놀림거리가 될 일이 없는 생활을 원할 것이다. 사춘기에 접어든 우리 아이들이 만약 친구들에게 "우리 가족은 쓰레기 제로 가족이다"라고 말하면 동네에서 특이한 사람 취급당할 게 불 보듯 뻔하다.

강연에서 나는 합의점을 찾으라고 조언한다. 아이가 점심에 샌드위치와 함께 탄산음료를 꼭 사먹고 싶다고 이야기하면 이해해주지 못할 것도 없다. 하지만 캔과 샌드위치를 포장한 플라스틱 용기를 집까지 가져오는 건 완전히 다른 문제다.

이런 경우, 집 밖에서는 쓰레기를 만드는 게 허용되지만 그 쓰레기를 집으로 가져오는 건 안 된다고 합의 보는 게 좋다.

또한 아이에게 집으로 가져온 쓰레기는 다이어트 중인 우리 집 쓰레기통이 아닌 아이 전용 쓰레기통에 넣어야 한다고 정확히 설명하는 것도 한 방법이다.

습관을 바꾸는 문제이기 때문에 어릴 때 시작하는 게 아마 훨씬 수월할 것이다. 아이들은 아마도 더 이상 이런저런 음식을 마음대로 먹을 수 없다는 사실에 불만족스러워할 테지만 결국 적응할 것이다. 아마 우여곡절이 많겠지만 사춘기인 아이와의 대화는 대부분 이런식으로 이뤄진다.

그러니 기분 상해할 필요 없다! 중요한 것은 자신과 타인의 다름에 민감하게 반응할 수 있는 사춘기 시기에 아이가 친구들로부터 이상한 취급을 받지 않는 것이다. 그 나이 때는 비난과 조롱이 매우 폭력적으로 다가와 지워지지 않는 상처로 남을 수 있다. 따라서 쓰레기 제로라는 목표에 너무 영향을 미치지 않으면서 아이가 자신이 속한 공동체 안에서 정체성을 찾을 수 있도록 아이의 이야기를 귀담아들어 줄 방법을 찾아내야 한다.

5

직접 만들어 보는 쓰레기 제로 라이프

마들렌의 보물

전해내려오는 이야기에 따르면, 스페인의 산티아고데콤포스텔라 성지에 살던 '마들렌'이라는 소녀가 성지의 상징인 가리비 모양을 본 따 계란을 넣고 만든 과자를 순례자들에게 나눠준 것이 마들렌의 유래다. 그 후로 사람들은 작고 폭신폭신한 마들렌을 다 먹어치우고는 아쉬워 '마들렌처럼' 울음을 터뜨리기도 한다. 이 레시피대로 만들면 입안에서 살살 녹는 벨기에식 보물을 발견하게 될 것이다.

재료

- 밀가루 150g
- 자당 150g
- 녹인 버터 75g
- 달걀 3개
- 다크 초콜릿 커버처 30알(또는 작은 조각)
- 탄산수소나트륨 1/2큰술
- 소금 한 꼬집
- 마들렌 틀

준비

1 달걀에 소금과 설탕을 넣고 거품이 생길 때까지 젓는다.
2 커다란 용기에 밀가루를 체치고 녹인 버터와 탄산수소나트륨을 넣는다. 여기에 거품이 생긴 달걀 반죽을 조심스럽게 섞는다.
3 반죽을 20분 동안 냉장고에서 휴지시킨다.
4 오븐을 200°C로 예열한다.
5 붓으로 마들렌 틀에 버터를 바르고 밀가루를 살짝 뿌린다.
6 한 구당 티스푼 분량만큼 반죽을 붓는다.
7 초콜릿 커버처를 하나씩 넣는다.
8 그 위에 틀의 2/3지점까지 남은 반죽을 덮는다.
9 8~9분 동안 오븐에서 굽는다. 마들렌이 너무 노릇해지면 안 된다.

- 탄산수소나트륨 대신 베이킹파우더를 써도 된다.
- 이 레시피에서 초콜릿 커버처만 생략하면 플레인 마들렌을 만들 수 있다.
- 칼로리가 더 적은 마들렌을 만들려면 밀가루 50g 대신 감자 또는 옥수수 전분을 사용하면 된다.
- 제대로 구워야 아주 부드러운 마들렌을 만들 수 있다.
- 틴케이스나 유리통에 담으면 2주 정도 보관할 수 있다. 이 기간이 넘어가면 마들렌의 수분이 말라 폭신한 식감이 사라질 수 있다.

코코넛 크루스티앙

코코넛 크루스티앙은 바삭바삭한 씹는 맛이 일품이다. 여기에 코코넛 슬라이스를 더해 한 입 베어물면 입에서 살살 녹는 맛이 앤틸리스 제도(카리브 해에 위치한 섬)로 떠나고 싶게 만든다. 커피에 곁들여 먹기에 안성맞춤이다. 아이들이 다 먹어치우지 않는다면!

재료

[비스킷 약 50개 분량]

- 코코넛 슬라이스 125g
- 설탕 200g
- 녹인 버터 150g
- 밀가루 150g
- 달걀 2개
- 베이킹파우더 1/2 봉지

준비

1 크림화될 때까지 설탕을 넣고 달걀을 휘젓는다.
2 반죽에 코코넛 슬라이스, 밀가루, 녹인 버터와 베이킹 파우더를 추가한다.
3 10분 동안 냉장고에 넣어둔다.
4 오븐을 180℃로 예열한다.
5 반죽을 작은 공 모양으로 빚는다.
6 구워지는 동안 크루스티앙끼리 서로 붙지 않도록 오븐 팬 위에 2~3cm 간격으로 떨어뜨려 놓는다.
7 9~10분 동안 오븐에서 굽는다.

- 통이나 병에 보관하면 몇 주 동안 먹을 수 있다.
- 색을 더 진하게 내고 싶으면 오븐에서 더 노릇노릇하게 구우면 된다.

비타민이 풍부한 그래놀라

뮤즐리의 사촌격인 그래놀라는 비타민이 풍부한, 훌륭한 아침식사다. 그래놀라는 호두, 꿀, 곡물, 귀리처럼 건강에 좋고 영양도 가득한 재료를 뭉쳐 만든 것으로 에너지를 충전해준다. 아이들도 엄청 좋아한다.

재료

- 헤이즐넛 100g
- 아몬드 100g
- 납작한 귀리 플레이크 200g
- 아가베 시럽 150g
- 코코넛유 또는 식물성 식용유 4큰술
- 호박씨 40g
- 참깨 20g
- 해바라기씨 40g

- 아가베 시럽은 아카시아꿀로 대체 가능하다.
- 바삭하게 만들려면 그래놀라 표면이 약간 노릇노 해질 때까지 더 구우면 된다. 다 굽고 나서 1분 안 로스팅 모드로 둔다. 이 작업을 할 때는 타지 도록 굽기 정도를 주의 깊게 살펴야 한다.
- 그래놀라는 신선한 우유, 떠먹는 요거트, 과일 샐 드에 넣어 먹거나 그대로 간식처럼 먹는다.
- 곡물 대신 초콜릿 칩(총 100g)을 넣어도 된다. 살 녹는 맛이라는 건 두말할 필요도 없다.

준비

1. 믹서기에 아몬드와 헤이즐넛을 넣고 대충 간다.
2. 크고 우묵한 그릇에 넣고 귀리 플레이크와 함께 섞는다.
3. 해바라기씨, 참깨, 호박씨를 넣는다.
4. 냄비에 아가베 시럽과 코코넛유를 넣고 코코넛유가 완전히 액체 상태가 될 때까지 데운다.
5. 귀리, 아몬드 등을 섞어놓은 재료 위에 붓는다.
6. 커다란 오븐용 유리그릇에 1cm 안 되는 두께로 펼친다.
7. 150°C에서 30분간 굽는다. 너무 빨리 노릇노릇해지면 오븐 온도를 110°C로 낮춘다.
8. 식힌 다음 칼을 이용해 적당한 크기로 자른다.

식기세척기용 가루 세제

이 제조법은 활용 가능성이 무궁무진하다. 비싼데다 지구를 병들게 하는 주방세제와는 이제 안녕이다. 세척력이 뛰어나고 소독 효과가 있는 탄산소다, 기름때를 제거해주는 과탄산소다, 반짝반짝 광을 내고 물때를 제거하는 구연산을 조합해서 사용한다. 1분이면 뚝딱 만들 수 있다!

재료

- 탄산소다 200g
- 과탄산소다 150g
- 구연산 200g

준비

1 세 가지 재료를 섞는다.
2 최소 500ml 용량의 병에 옮겨 붓는다.

사용법

- 용량: 세제 투입구에 2큰술을 넣는다.
- 탄산수소나트륨, 수산화나트륨과 탄산소다를 혼동해선 안 된다. 세 가지는 성격이 매우 다르다.
- 만약 덩어리가 생겼을 때는 손절구에 넣고 빻아준다.
- 55~60℃ 세척을 권장한다.
- 식기가 정말 더럽다면 식기세척기에 탄산수소나트륨을 한 숟갈 더 넣는다. 그러면 식기세척기 자체도 세척될 것이다.
- 유리잔이 광택을 잃었다면 세척 전에 식초를 뿌린다. 또는 식기세척기 수저통이나 상단 선반에 사용한 레몬 반 개를 놓는다.
- 유리잔에 옅은 얼룩이 생겼다면 가끔씩 손으로 세척해줘야 한다.

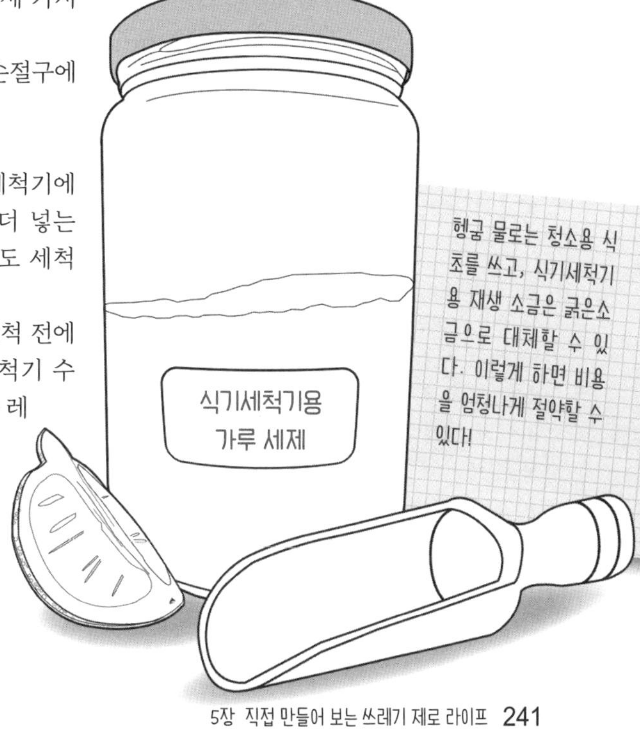

헹굼 물로는 청소용 식초를 쓰고, 식기세척기용 재생 소금은 굵은소금으로 대체할 수 있다. 이렇게 하면 비용을 엄청나게 절약할 수 있다!

간단한 다용도 세정제

이 세정제는 유리창, 바닥, 작업대, 화장실, 싱크대 등 거의 모든 걸 닦을 수 있어 아주 유용하다. 또한 세탁물의 섬유를 유연하게 만들고, 그릇을 반짝반짝하게 만들어 준다. 낭비 없이 집 안 구석구석 사용할 수 있는 다용도 세정제 제조 방법을 소개한다.

재료

- 청소용 식초(또는 빙초산) 400ml
- 감귤류 껍질(레몬, 오렌지, 귤 등)

준비

1 식초로 가득 찬 유리병에 오렌지나 레몬 껍질 또는 둘 다를 2~3주 동안 담가놓는다.

2 체에 거른 액체를 병에 담는다.

사용법

- 물로 희석하거나 원액으로 사용할 수 있다.
- 원액은 섬유 유연제(세탁기의 섬유 유연제 투입구에 반 컵 넣는다), 식기세척기 헹굼 물로 사용하거나 욕실과 부엌을 청소할 때 유용하다.
- 희석한 원액은 바닥 청소를 할 때 청소물로 쓰거나 세정 스프레이(물 반 식초 반)처럼 사용한다.
- 프로방스 향을 첨가하고 싶다면 늦여름에 딴 라벤더 꽃잎을 추가한다.

액체 세제

수제 세제 만들기는 식은 죽 먹기나 다름없다. 제품을 직접 만들어 사용하면 화학 제품이나 건강에 위험한 제품을 피할 수 있다. 마르세유 비누의 강력한 세척력이 옷에 선명함을 되찾아주고 프로방스 향기를 느끼게 해준다.

재료

[약 3L 분량]

- 따뜻한 물 2L+차가운 물 1L
- 마르세유 비누 100g(비누 플레이크를 사용하거나 비누를 직접 갈아서 쓴다)
- 탄산수소나트륨 3큰술

▸ 선택사항: 레몬, 라벤더 또는 유칼립투스 에센셜 오일 15방울

준비

1. 냄비에 물 2L를 넣고 끓인다.
2. 최소 3L 이상의 커다란 용기에 마르세유 비누를 넣는다. 끓는 물을 붓고 섞어준다.
3. 즉시 탄산수소나트륨 3큰술을 넣어야 비누가 굳지 않는다. 혼합물에서 살짝 거품이 일어난다.
4. 한 시간 동안 그대로 둔다.
5. 차가운 물 또는 상온의 물 1L를 넉넉하게 넣어 섞어준 다음 원한다면 에센셜 오일을 넣는다.
6. 커다란 통이나 3리터짜리 용기에 옮겨 담는다.
7. 용기를 잘 흔들어 혹시 뭉쳐있을지 모르는 덩어리를 잘 풀어 준다.

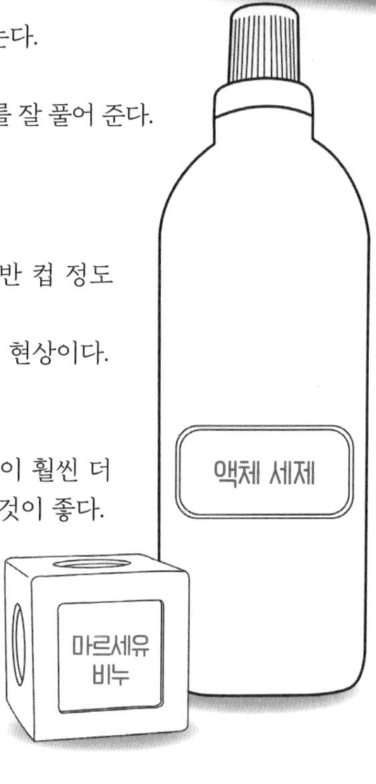

사용법

- 분량: 세탁물의 오염 정도에 따라 다르지만 보통 반 컵 정도 넣어준다.
- 혼합물이 걸쭉해지거나 균일하지 않은 건 정상적인 현상이다. 사용 전에 항상 용기를 흔들어준다.
- 세탁 공을 사용하면 세척력을 높일 수 있다.
- 완성된 혼합물에 탄산소다를 3큰술 추가하면 얼룩이 훨씬 더 잘 빠진다. 하지만 섬세한 의류에는 사용을 삼가는 것이 좋다.
- 일부 얼룩은 세탁 전에 빼야 한다. 얼룩을 살짝 물에 적시고 담즙 비누나 마르세유 비누를 문지른다. 세탁 전에 얼룩이 빠지도록 그대로 둔다.
- 수제 얼룩 제거제 만들기: 물과 탄산수소나트륨을 1:1 비율로 넣고 반죽을 만든다. 얼룩에 반죽을 묻힌 다음 한 시간 뒤 세탁기에 넣고 돌린다.

커피 찌꺼기 스크럽

커피 찌꺼기는 효능이 다양할뿐더러 쓸모도 많다. 하수도관 관리, 고양이 퇴치, 비료 그리고 피부미용 재료로도 쓰인다. 카페인과 칼륨이 풍부해 산화 방지 효과가 있으며 셀룰라이트의 천적이다. 코코넛오일과 레몬을 첨가해 만든 커피 찌꺼기 스크럽은 피부를 청결하면서도 촉촉하게 만들어준다.

재료

- 유기농 커피 찌꺼기 1큰술
- 냉압착 버진 코코넛오일 1큰술
- 유기농 레몬즙 1큰술
- 작은 크기의 실리콘 머핀 또는 마들렌 몰드

준비

1 고체 상태의 코코넛오일을 살짝만 녹이거나 손으로 만지작거린다. 완전히 액체 상태가 되면 안 된다.
2 커피 찌꺼기와 레몬즙을 넣는다.
3 반죽한 다음 작은 크기의 제과용 몰드에 담는다.
4 몰드를 가득 채운 뒤 30분간 냉동실에 넣어둔다.

사용법

- 샤워하기 전, 스크럽제를 바르고 원을 그리며 피부를 부드럽게 마사지한다.
- 평소처럼 씻는다.
- 조심스럽게 물기를 닦아 피부 위에 얇게 형성된 수분 보호막을 유지한다.
- 얼굴과 몸에 모두 사용 가능하다.
- 스크럽제는 유리 용기에 담아 냉장고에 보관한다.
- 일주일에 한 번 사용하면 겨울 동안 건강한 피부톤을 유지할 수 있다. 날이 화창해지기 시작하면 일주일에 두세 번 사용해 강렬한 햇빛에 대비해 피부를 관리한다.

에스프레소 스크럽: 코코넛오일 대신 스위트 아몬드, 올리브 등 식물성 오일을 넣고 꿀을 1작은술 첨가한다. 냉동 과정은 생략한다.

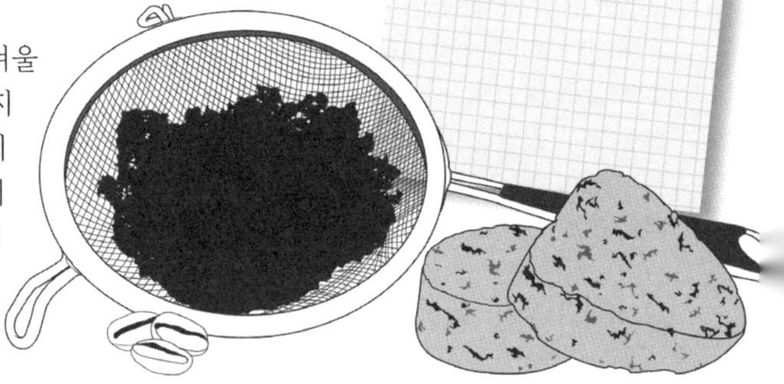

롤온 타입 벌레 물림 치료제

여름이 다가오면 모기가 기승을 부린다. 알로에 베라는 햇빛 화상을 입은 피부를 진정시켜주고 붉은 반점과 자극을 완화시켜줄 뿐만 아니라 피부 회복 및 재생을 돕는다. 스파이크 라벤더, 시트로넬라, 레몬 유칼립투스와 같은 에센셜 오일을 첨가한 이 롤온 타입 벌레 물림 치료제는 쿨링 효과가 있는 젤 제형이며 벌레 물림과 관련된 가려움증을 완화하는 데 효과가 좋다.

재료

- 알로에 베라 젤 10ml
- 스파이크 라벤더 에센셜 오일(피부 통증 완화제, 소염제, 진정제 효과) 3방울
- 자바 시트로넬라 에센셜 오일(소염제, 벌레 퇴치제 효과) 3방울
- 레몬 유칼립투스 에센셜 오일(진통제, 항감염제 효과) 3방울
- 작은 유리병 또는 롤온 빈병

준비

1 우묵한 용기에 알로에 베라 10ml를 붓는다.
2 에센셜 오일을 넣는다.
3 작은 거품기나 포크로 섞어 준다.
4 주사기로 롤온 공병이나 작은 유리병에 내용물 전체를 옮긴다.

사용법

- 물린 부위에 그대로 바른다. 롤온 용기의 롤러볼로 마사지하면 치료제가 더 잘 스며든다.
- 가려움증이 사라질 때까지 여러 번 바르되, 하루에 최대 5번을 넘지 않도록 한다.
- 에센셜 오일을 희석시키면 임산부나 모유 수유 중인 산모, 아이들도 사용 가능하다.
- 자바 시트로넬라 오일은 자극적일 수 있으므로 절대 에센셜 오일 원액 그대로 피부에 사용해선 안 된다.
- 순수 알로에 베라 젤을 사용한다. 용기에 붙이는 원료 목록INCI에 '알로에 베라 바 바덴시스aloe vera barbadensis'가 첫 번째 성분으로 명시되어야 한다.

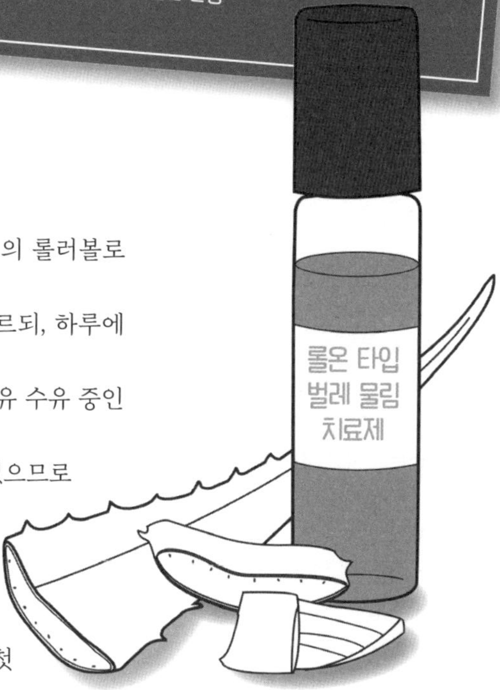

천연 코코넛 치약

코코넛오일로 이를 닦는다고 하면 의아하게 생각할 수 있다. 하지만 코코넛오일은 미백 효과가 있고 치아 건강에 도움을 준다. 또한 이 제조법에는 독소 제거를 돕고 위산을 억제해주는 백토와 충치 및 아프타를 예방하는 부드러운 연마제인 탄산수소나트륨이 들어간다. 내분비계 교란 물질 걱정없는, 효과만점 수제 치약이다.

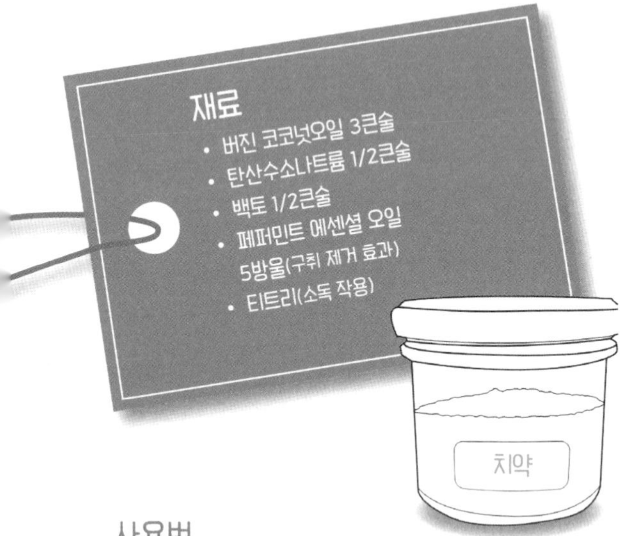

준비

1 코코넛오일, 탄산수소나트륨, 백토를 주걱 또는 나무 막대기로 다 함께 반죽한다.
2 코코넛오일이 너무 굳어 있으면 살짝 녹여서 포마드 제형으로 만든다.
3 에센셜 오일을 첨가한다.
4 혼합물이 잘 굳도록 유리병에 담아 냉장고에 2~3시간 보관한다.

사용법

- 주요 팁: 해마다 정기적으로 치과에 방문하고, 치약 사용 도중 문제가 생기면 사용을 중단한다. 사람마다 효과가 다르게 나타날 수 있다.
- 작은 헤이즐넛 크기만큼 덜어내 사용하면 충분하다. 나무 주걱으로 병에서 사용할 양을 덜어내면 된다. 제일 중요한 건 양치하는 행위 그 자체다.
- 이 치약은 거품이 나지 않는다. 적응하려면 시간이 조금 필요하다.
- 고온에서는 치약이 액체 상태가 될 수 있다. 이럴 때는 잘 섞어 냉장고에 넣어 놓는다.
- 페퍼민트 에센셜 오일 대신 레몬 에센셜 오일을 넣어도 된다.
- 아이(및 어른도 마찬가지로)가 사용할 때, 탄산수소나트륨을 탄산칼슘 또는 백악으로 대체하면 더 부드러운 제형이 된다.
- 에센셜 오일이 함유되어 있기 때문에, 임산부나 6세 이하 어린이의 사용을 권장하지 않는다.

가루 치약

코코넛오일을 좋아하지 않거나 코코넛오일이 액체가 될 수도 있는 따뜻한 지역으로 떠날 경우에는 가루 치약을 준비해보자.

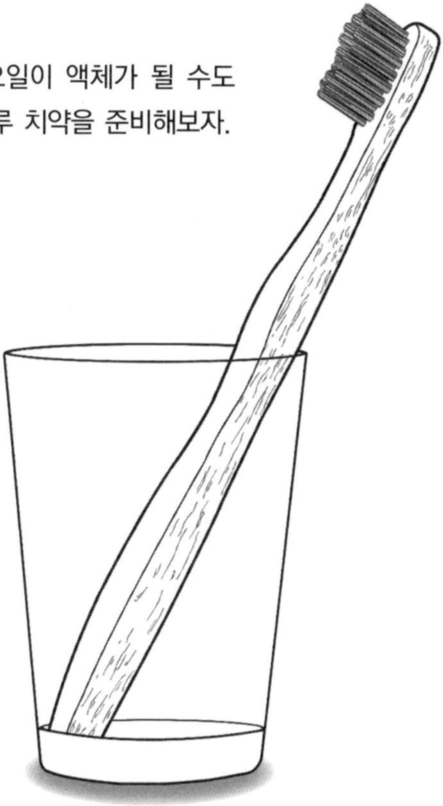

재료

- 백토 3큰술
- 중탄산염 1큰술
- 페퍼민트 에센셜 오일

준비

유리병에 백토 3큰술, 중탄산염 1큰술, 페퍼민트 또는 레몬 에센셜 오일 5방울을 넣고 섞는다.

자연적인 피부 관리 및 쓰레기 제로를 위한 조언

- 항상 고품질, 순수 원료를 고집해야 하며 유기농 원료라면 더 바랄 게 없다.
- 권장량을 준수해야 한다.
- 알코올 소독 등 엄격한 위생조치를 지켜야 한다.
- 사용법과 보관법을 따라야 한다.
- 일부 제조법의 경우 에센셜 오일을 포함하고 있으므로 임산부, 모유 수유 중인 산모, 아이의 사용을 권장하지 않는다.

비즈 왁스 랩 만들기

꿀과 꽃 내음이 아주 향기롭다. 점심과 간식을 포장하기에 이보다 더 안성맞춤인 게 있을까? 비즈 왁스 랩 즉 밀랍으로 만든 식품 포장 랩은 플라스틱 또는 알루미늄 식품 포장 랩의 훌륭한 대체재다. 평생 사용 가능한 비즈 왁스 랩으로 쓰레기통 속 재사용 불가 쓰레기를 완전히 없애버리자!

준비물

- 면으로 된 네모난 천 조각
- 밀랍 조각 또는 밀랍 덩어리를 간 것
- 재사용 가능한 종이 호일 2장

팁

- 필요에 따라 크기와 형태를 선택할 수 있다. 더 작게 만들어 작은 유리병 덮개로 쓰거나 먹고 남은 과일을 보관할 때 사용해도 되며, 원형으로 만들어 오목한 그릇에 사용할 수도 있다.
- 사용하는 밀랍의 유형과 색깔에 따라 천에 진한 노란색 물이 들 수도 있다. 밀랍 조각을 사용하면 보통 훨씬 기름지고 더 노란색을 띤다.
- 절대 세탁기로 빨면 안 된다. 미지근한 물로 살짝 적신 스펀지로 닦아준다.
- 사용할수록 천에 줄이 갈 수 있는데, 이는 지극히 정상적인 현상이다.
- 몇 개월마다 천을 다시 밀랍으로 코팅한다.
- 종이 호일은 다른 비즈 왁스 랩에 재사용할 수 있다.

종이접기하듯 점심을 포장할 수 있다.

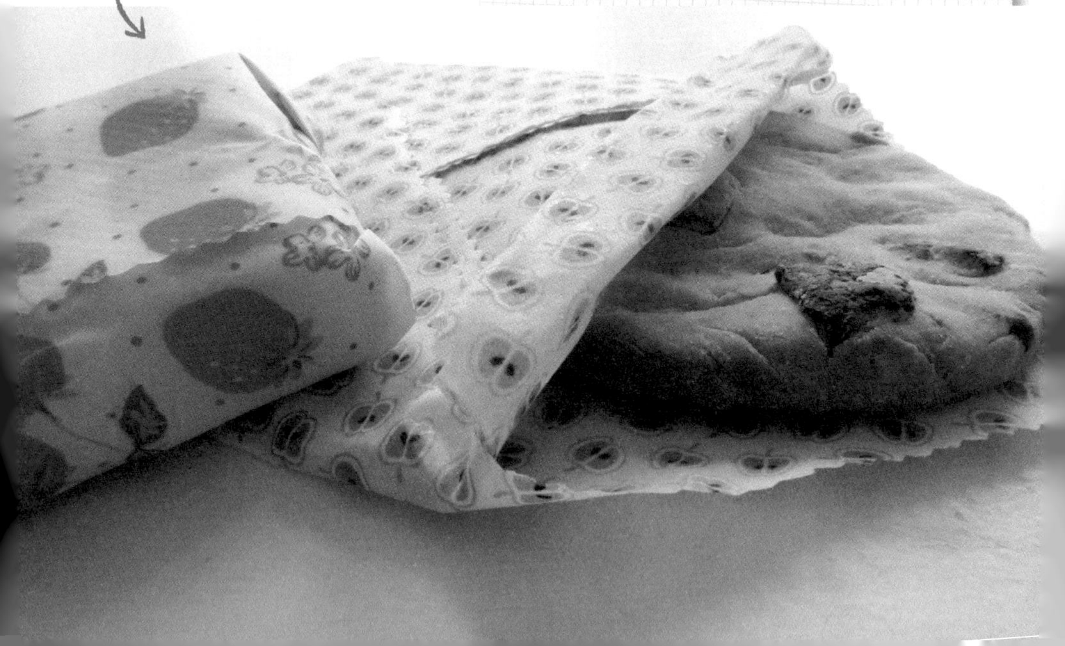

1 천을 가로·세로 33cm 정사각형으로 자른다. 대각선 기법을 이용해 완벽한 정사각형을 만든다. '양면 보자기 후로시키' 부분을 참고하자.

2 필요한 경우, 핑킹가위를 이용해 가장자리를 톱니 모양으로 잘라 마감하면 올이 풀리는 걸 방지할 수 있다.

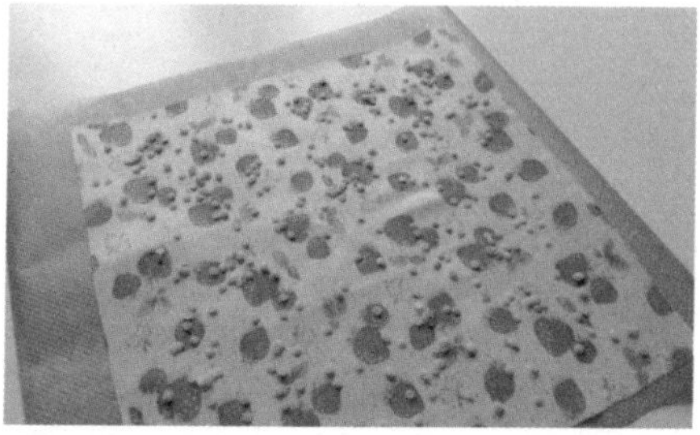

3 첫 번째 종이 호일 위에 천 조각을 올린다. 그 위로 밀랍을 여기저기 흩뿌린다. 고르게 뿌려지도록 양을 조절한다.

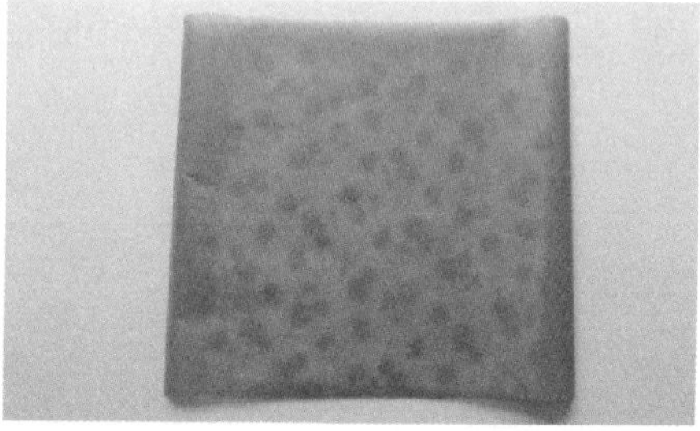

4 두 번째 종이 호일을 천 조각 위에 올린다.

5 '면' 온도에 맞춰 다림질해 밀랍을 녹인다. 뒷면은 다림질하지 않아도 된다. 밀랍이 스며들어 천의 양면이 방수처리된다. 필요하다면 코팅되지 않은 부분에 밀랍 조각을 더 채워 넣는다.

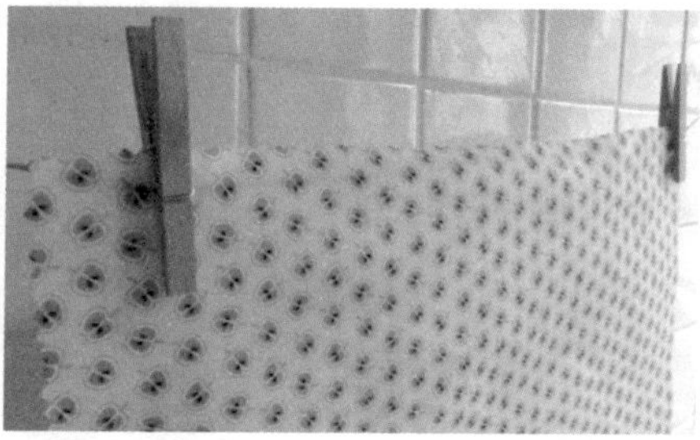

6 5분 동안 식힌다. 종이 호일을 빼고 비즈 왁스 랩을 충분히 말린 뒤 사용하면 된다.

티셔츠로 천 주머니 만들기

누구나 집에 나뒹구는 티셔츠 하나쯤은 있을 것이다. 다만 그걸로 뭘 해야 할지 모를 뿐. 이 티셔츠에 두 번째 삶을 부여해 쓰레기 제로 장보기의 동반자로 삼는 건 어떨까? 매우 튼튼한 저지천 가방은 크기에 상관없이 우리에게 좋았던 시절 또는 코흘리개 시절을 떠올리게 해줄 것이다. 티셔츠에 이미 단 처리가 되어 있기 때문에 끈 넣을 홈을 따로 만들 필요가 없어 시간을 절약할 수 있다. 아주 실용적이다!

준비물

- 오래된 티셔츠 (어린이용 또는 성인용)
- 가는 끈 또는 두꺼운 끈

팁

- 이 주머니는 바지 또는 잠옷 바지의 다리 부분, 티셔츠의 긴 소매 부분, 재활용 천 등 다양한 재료로 만들 수 있다.
- 셔츠의 긴 소매를 이용해 바게트용 가방도 만들 수 있다.
- 조임끈은 재활용 끈이나 길게 늘인 티셔츠 끈 또는 자투리 천을 이용해 직접 만들어도 된다.

1 티셔츠를 소매 아랫부분에서 자르거나 원하는 크기로 자른다. 성인용 티셔츠의 경우 가로를 이등분한다.

2 티셔츠를 뒤집는다. 아랫부분과 재봉이 되지 않은 옆부분을 핀으로 고정한다.

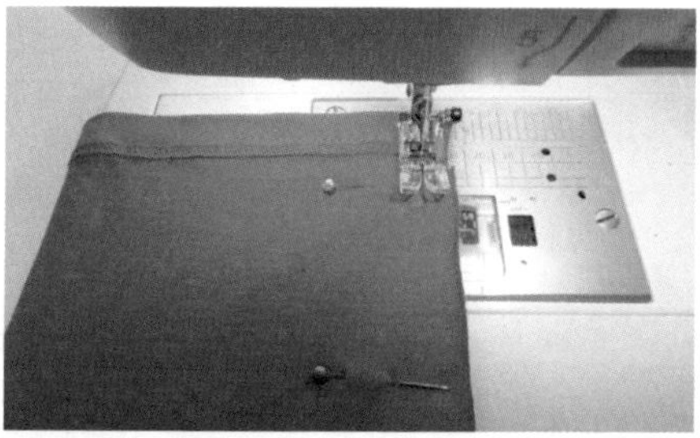

3 가장자리에서 1cm 정도 여유를 두고 아랫부분과 옆부분을 박음질 한다. 티셔츠를 다시 뒤집는다.

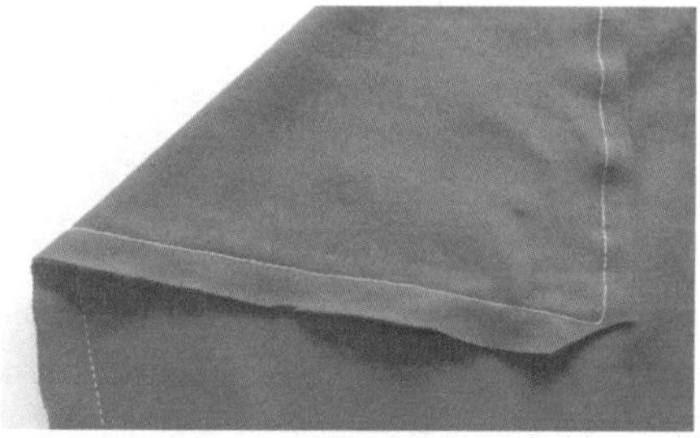

4 박음질한 부분을 건들지 않도록 주의하면서 주머니의 양 모서리를 잘라낸다. 그래야 모서리가 깔끔하게 떨어진다. 천을 뒤집는다.

5 옷핀을 이용해 주머니 단 안에 끈을 밀어 넣는다. 끈의 양 끝이 밖으로 나올 때까지 천천히 잡아당긴다.

6 끈의 두 부분을 묶어 매듭을 만든다. 주머니 완성!

양면 보자기 '후로시키'

후로시키란 일본에서 14세기에 등장한 단어로 '욕조에 들어가다'라는 의미다. 후로시키는 공중목욕탕에 물건을 가져가거나 다른 사람의 물건과 섞이는 걸 막기 위해 사용됐다. 그 후 이 작은 천 보자기는 점심 도시락 가방 또는 선물 포장지의 친환경 대체재로 전 세계적으로 유명해졌다. 이 양면 후로시키로 생일 맞은 친구를 깜짝 놀라게 해주자.

준비물

네모난 천 조각 2장
(면, 실크 등 두껍지 않은 천)
가로·세로 50×50cm,
70×70cm, 105×105cm 크기

팁

- 후로시키의 크기는 사용 목적에 따라 달라진다. 50cm 크기는 작은 물건 또는 아이들 간식, 가장 많이 쓰이는 크기인 75cm는 작은 선물이나 점심 도시락, 105cm는 가방이나 큰 선물을 포장하는 데 쓰인다.
- 선물을 포장한 후로시키는 함께 선물로 주거나 다시 가져와 재활용해도 된다.